语文课本
中的知识精华
YU WEN KE BEN ZHONG DE
ZHI SHI JING HUA

语文课本中的
名人趣事

徐井才◎主编

北京出版集团公司
北京教育出版社

图书在版编目(CIP)数据

语文课本中的名人趣事/徐井才主编.—北京:北京教育出版社,2012.7
(语文课本中的知识精华)
ISBN 978 - 7 - 5522 - 0763 - 7

Ⅰ.①语… Ⅱ.①徐… Ⅲ.①阅读课 - 小学 - 教学参考资料
Ⅳ.①G624.233

中国版本图书馆 CIP 数据核字(2012)第 151066 号

语文课本中的名人趣事

徐井才 主编

*

北京出版集团公司
北京教育出版社 出版

(北京北三环中路 6 号)

邮政编码:100120

网址:www.bph.com.cn

北京出版集团公司总发行

全国各地书店经销

永清县晔盛亚胶印有限公司印刷

*

710×1000 16 开本 14 印张 300000 字
2012 年 7 月第 1 版 2012 年 7 月第 1 次印刷

ISBN 978 - 7 - 5522 - 0763 - 7
定价:27.80 元

目录

Contents

◆ 思想家

孔子

苏格拉底

政治家

孙中山

名人简介

孙中山（1866—1925），广东香山（今中山）人，幼名帝象，学名文，字德明，号日新，后改逸仙；在日本从事革命活动时，曾化名中山樵，"孙中山"由此演化而来。中国近代伟大的民主革命家，中国国民党创始人，"三民主义"的倡导者。1892年毕业于香港西医书院。1894年创立兴中会。1905年组建中国同盟会。1911年辛亥革命后被选为中华民国临时大总统。1912年2月，因革命党人的妥协而被迫提请辞职。1925年3月12日在北京病逝。他首举彻底反封建的旗帜，"起共和而终帝制"，为中国民主革命耗尽毕生精力。

课文再现

《孙中山破陋习》（苏教版三年级上册）讲述了孙中山破除缠足陋习的故事：孙中山小时候看见自己的姐姐遭受缠足的残害，心里非常难过。他领导辛亥革命成功后，首先废除了缠足的封建陋习，为千千万万的中国妇女做了一件大好事。

小记者多多有话说

大家好，我是校报的小记者多多，学习这篇课文后，我们知道了百姓在封建社会的悲惨命运对孙中山先生革命思想的形成有着深远的影响，在此影响下，他举起了中国民主革命的第一面旗帜。他还有哪些故事令人赞叹？请同学们跟我一起去搜集他的故事吧，出发！

课外链接

不读死书

孙文是黄老先生最喜欢的一个学生。他的书背诵得最熟，字也写得最好，同学们都很尊重他。

一天，天气闷热，黄塾师心情不好，他打着扇子，闭着眼在听一个学生咿咿呀呀地背书。这个学生结结巴巴地背不下去，结果被罚跪在孔圣人像前。又一个贪玩的学生也背不好书，被黄先生用戒尺打肿了手心。

孙中山生平展

黄塾师歇了片刻，呷了口凉茶，想叫孙文背书来稳定一下自己的情绪。"孙文，你来背。"孙文站了起来，却是闭口不语。

黄塾师看着孙文，不解地问："你每次背书都是最好的，今天怎么一句也背不出了？"

孙文恭敬地回问："请问先生，我们整天唱这些书，一点儿也不懂书里讲的是什么道理，背它又有什么意思呢？"

孙文对这种旧教学方法的诘问，一下子触动了黄塾师的灵魂。"什么？"他拍案而起，叫道，"念孔孟圣贤之书，你竟敢说没有意思，这还了得！"

"读死书是没有意思的嘛。"孙文坚持着。

"你好大胆，敢不尊重圣贤，不守学规！"黄塾师把戒尺举起来，"快把手伸出来，让我好好教训你！"

孙文没有被吓住，他理直气壮地说："大学之道，在明明德，在亲民，在止于至善。这些我都能熟背，就是不懂是什么意思。不懂的东西又为什么不能问呢？"

黄塾师一听，知道无法再压服孙文了，便放下戒尺说："孙文啊，吃得苦中苦，方为人上人。只有十年寒窗苦，才能腹藏五车书哇！等你书念多了，日后自然就会懂得书中的意思了。"

孙文不服气地争辩道："我请先生讲书，就是想向先生求教书中的道理，让我们多学一点道理，这有什么不好呢？唱诵死书真没有意思，应该讲书里的道理才对。"

> 孙中山从小就懂得要在理解的基础上去读书，不能"唱书"。

黄塾师理屈词穷，只好苦着脸说："我只管教你们识字，不管讲书。"他看日已西沉，便想结束这场事先没有料到的论战，于是伸了伸懒腰叫道："散学！散学！"

几个学生朝孔圣人像和黄塾师作揖行礼陆续离去。黄塾师最后离开学馆，但他没有回家，而是急忙向村中的大烟馆跑去了。

陆皓东、杨帝贺等几个小同学围住了孙文。他们向孙文祝贺，祝贺他向塾师，不，是向旧的教学制度挑战取得了第一次胜利。

小记者多多考考你

1.黄塾师让孙文背书，他为什么闭口不语？

_____

_____

2.文中哪些话表现了孙中山坚持真理的态度？

_____

_____

小记者多多的采访笔记

孔子说："学而不思则罔，思而不学则殆。"意思是说，光是学习而不积极思考，就会迷而不知所向；如果思考不以学习为基础，就会流于空想，会带来知识上的危机。孟子说："尽信书，则不如无书。"两位圣人的遗训都道出了读书与思考结合的必要性，就是说不能读死书。

孙中山从小就知道："我们整天唱这些书，一点儿也不懂书里讲的是什么道理，背它又有什么意思呢？"这就告诉我们，在读书的时候一定要弄懂书中的道理，不能读死书。

孩子们应该有米饭吃

孙中山自小勤劳，5岁就参加了劳动。他每天早上带上几个白薯，跟着姐姐妙茜到田间种地，或到金槟榔山上打柴割草。

> 孙中山才5岁，就那么能干了，真是个勤劳的好孩子。

一天，孙中山和9岁的妙茜到山上打柴。山上草木丛生，野花齐放，活泼的山雀不停地叽叽喳喳，仿佛在逗引着活泼可爱的孙中山。

孙中山打了几捆柴，已到下午，肚子早饿得咕咕叫了。

阿姐走近孙中山，放下柴捆说："阿弟，看你累得满头大汗，快歇歇吧！"说完忙用衣襟给他擦汗。

"我不累，"孙中山笑着说，"今天打了这么多柴，阿妈看到一定很高兴。"

阿姐笑着把孙中山拖到山石上坐下，从围兜里掏出一个白薯，送到孙中山手里，说："你肚子早饿了吧，快吃吧！"

"阿姐，你常饿着肚子，把白薯省给我吃，我不饿，还是你自己吃吧！"孙中山坚决地推回白薯。

阿姐看着懂事的阿弟，心疼地说道："男仔用力多。你打了这么多柴，肚子早空得咕咕叫了，快拿去吃吧！"

孙中山故居

小孙中山知道阿姐的一片心，如果自己不吃，她又要像以前一样急得哭起来。于是，孙中山接过白薯，把它掰成两半，自己留下小的，把大的一半递给阿姐说："我们都吃。"

阿姐又把大的那半和阿弟的小的换了过来，两个人才吃了起来。

孙中山刚咬了一口，却停着发愣了。

"阿弟，你在想什么？"见孙中山发愣，阿姐好奇地问道。

孙中山说："村外的地里，种的都是稻谷，村上人却吃不上米饭，只能天天吃白薯。而东家不种田，为什么天天都能吃米饭？"

阿姐不假思索地回道："人家说东家命好，有福气咯。"

"不对！"孙中山打断阿姐的话，"这和命没有关系。村上的人不应该这样下去，而是都应该有米饭吃，有鞋子穿！"

阿姐看着孙中山一副大人说话的神情，忍不住"噗"地笑了起来，问道："你怎么会想这么多呢？"

"是哟。"孙中山坚定地说道，"老百姓不应该这么困苦下去，孩子们应该有米饭吃！"

"哪有那么多米饭？你还是快把白薯吃了吧！"

孙中山吃了一口白薯，又自言自语道："冯阿公讲得对，会有那么一天，穷苦人能有米饭吃的。"

1.孙中山5岁时能干什么活？你认为他是个人小志高的好孩子吗？

_____

_____

2.从小孙中山心中有着怎样的愿望？

_____

_____

小记者多多的采访笔记

　　孙中山那么小，就懂得了：村上的人不应该这样下去，而是应该和那些富人一样有米饭吃，有鞋子穿！在封建愚昧的农村，能有这种先进的思想，实在是了不起，也正因为孙中山有了这种思想，日后他才经过自己的努力，成为了民主革命的倡导者，进而成功地领导了辛亥革命，成为了中华民国的开拓者。

　　我们也应该像孙中山那样，不相信命运是由上天安排的，而应该向命运挑战，这样才能成为生活中的胜利者。

宋庆龄

名人简介

宋庆龄（1893—1981），祖籍海南省文昌县，1893年1月27日生于上海。毕业于美国卫斯理女子学院。1915年与孙中山结婚。1924年，她参加国民党第一次全国代表大会，拥护孙中山的三大政策。1948年当选为中国国民党革命委员会名誉主席。1949年出席全国政协第一届全体会议。新中国成立后，任全国人大常委会副委员长、中华人民共和国副主席等职。1981年5月加入中国共产党，并由弟五届全国人大常委会授予中华人民共和国名誉主席。1981年5月29日在北京寓所逝世。

课文再现

《我不能失信》（人教版三年级上册）讲述的是宋庆龄小时候诚实守信的故事：一个星期天，宋庆龄全家准备到父亲的一位朋友家去，宋庆龄想起要在当天教朋友小珍叠花篮，虽然父亲和母亲都劝她改天再教，但是宋庆龄还是留了下来，履行了自己的诺言。

小记者多多有话说 <<<<

嗨！我是校报的小记者多多，读了这篇课文，我对宋庆龄奶奶更加敬佩了。她还有哪些值得我们学习的地方呢？就请同学们跟我一起去了解她吧！

我不能忘掉祖国

1908年，宋庆龄15岁。这一年，她被父母送到美国留学，进了佐治亚州梅肯市的卫斯理女子学院学习。

宋庆龄是个文静而爱沉思的女孩子。她学习非常勤奋，尤其是想到将来要为穷苦的祖国人民做事时，她就更加刻苦地学习。

有一次，班里要讨论历史方面的问题，她认真地搜集资料，认真地思索，做了充分准备。

宋庆龄故居

在讨论会上，一位美国学生站起来发言。他说："我认为，历史的发展是难以估计的，你们看，那些所谓的文明古国，譬如亚洲的中国，已经被历史淘汰了。人们的希望在欧洲、在美洲、在我们这里……"

这时，坐在前排的宋庆龄她紧锁双眉，耐心地听着美国同学的发言。

那位同学刚讲完，宋庆龄就站了起来。教室里立刻静下来了，宋庆龄显得有些激动，但她仍然用柔和的声调说："历史确实是在不断变化，但它永远属于亿万大众。具有五千年文明历史的中国，没有被淘汰，也不可能被淘

宋庆龄的不卑不亢，捍卫了祖国的尊严。

汰。有人说中国像一头沉睡的狮子，但它决不会永远沉睡下去，总会有一天，它的吼声将震动全世界！因为它有广阔的土地、勤劳的人民、悠久的历史、富饶的物产，有无数革命志士，为了它

的振兴进行着艰苦卓绝的斗争！"

教室里响起了热烈的掌声。大家交口称赞："说得好，以理服人。""这些话多么有力量！"

宋庆龄虽然身在国外，但她时时刻刻关心着国内的情况，她常对同学说："我不能忘掉中国，我对祖国充满了理想和希望！"

1.宋庆龄说"中国没有被淘汰，也不可能被淘汰"的理由是什么？

_____

_____

2.文中的最后一句话表达了宋庆龄什么样的思想感情？

_____

_____

小记者多多的采访笔记

一个国家，落后就要挨打、受欺负。20世纪初期，当美国跃身为世界大国时，中国这一有着悠久历史的文明古国却处于停滞不前的状态。

面对美国同学的极端言论，宋庆龄用不卑不亢的发言挽回了国家的尊严。正因为有很多宋庆龄这样的人，他们对祖国充满信心，时刻把祖国放在心里并为之奋斗不止，中国才有了今天的强大。

中国不能没有先生

1922年6月，陈炯明在广州叛变，要逮捕孙中山。一天晚上，他派出部队包围了总统府。

凌晨两点钟，孙中山接到秘密报告，叛变的部队要攻打他居住的越秀楼了。孙中山要宋庆龄跟他一起撤离，宋庆龄想：如果和孙中山同时撤离，目标太大，很容易被敌军发现，不如自己留下，使敌军误以为孙中山还在，不会过早冲进府来，这样就能掩护孙中山秘密撤离。她说了自己的想法，孙中山坚持要宋庆龄一起走，宋庆龄却坚定地说：“中国可以没有我，却不能没有先生。为了中国的未来，你先走。”

孙中山只得忍痛和宋庆龄道别。他身穿长衫，头戴礼帽，肩背药箱，化装成出急诊的医生，由护卫带着出了总统府，避过叛军，平安地登上了永丰舰。按照和宋庆龄事先约好的信号，鸣炮三声，表示平安到达。炮声终于传到了越秀楼，宋庆龄放心地对身边的人说道：“先生平安了。”大家这才松了一口气。

> 这时候宋庆龄一心想着孙中山的安危。

凌晨两点半，叛军果然开始向越秀楼进攻，一时间枪炮声不断。越秀楼上的50余名卫士奋勇抗击叛军。一直到早上8点钟，宋庆龄认为自己再留在这里已经没有意义了，就决定冲出包围圈。这时，叛军杀进了总统府，府内士兵向外冲，一片混乱。宋庆龄化装成士兵由卫士保护着冲出大门。遇到叛军阻拦，宋庆龄急中生智，打开手里的包袱，把钱物撒在地

宋庆龄纪念碑

上，叛军立刻哄抢起来，宋庆龄和卫士乘机逃了出来。他们正走着，忽然发现前面街道拐弯处过来几个敌兵，宋庆龄和卫士们立刻躺在街上的死尸中间，骗过了敌兵。等敌兵走远后，他们连忙爬起来，藏到一户人家去，才躲过了这次危险。

最终，宋庆龄和卫士们安全到达了永丰舰，与孙中山会合了，人们无不佩服宋庆龄的机智勇敢。

小记者多多考考你

1. 为什么宋庆龄觉得中国可以没有她，却不能没有孙中山先生呢？

_____

_____

2. 敌人打进来的时候，宋庆龄最先想到的是什么？为什么？

_____

_____

小记者多多的采访笔记

　　革命是残酷的，充满了流血和牺牲。孙中山先生举起了中国民主革命的第一面旗帜，宋庆龄一直支持着他，是他的坚强后盾。

　　心系中国亿万人民的宋庆龄，凭着将革命进行到底的决心，机智勇敢地和狡猾的敌人斗争着。"中国可以没有我，却不能没有先生"，这是何等的大智大勇！为了全国人民的幸福生活，宋庆龄早已将生死置之度外，她是当之无愧的巾帼英雄。

毛泽东

名人简介

　　毛泽东（1893—1976），字润之，湖南湘潭人。中国无产阶级革命家、政治家和军事家，中国共产党、中国人民解放军和中华人民共和国的主要缔造者和领袖。1914年入湖南第一师范学校读书。早期开始革命活动，接受并传播马克思列宁主义。组织新民学会，在湖南建立共产主义小组。1921年出席中国共产党第一次全国代表大会。1935年1月遵义会议上确定其在中共党内的领导地位，以后领导中国共产党和中国人民取得了抗日战争和解放战争的伟大胜利。新中国成立后，担任中共中央主席、中央军委主席等职。1976年9月9日病逝于北京。

课文再现

　　《要好好学字》（苏教版二年级上册）讲述了毛主席在延安的时候，教导两个刚刚参加革命的小八路要好好学写字的故事：毛主席让小八路好好学写字。他说，只有学好文化知识才能更好地进行革命斗争。这体现了毛主席重视文化教育的一面。

小记者多多有话说 <<<<<

　　嗨！我是校报的小记者多多，读了这篇课文，你一定更加敬佩我们的伟大领袖毛泽东了。作为一个伟大领袖，他有很多值得我们学习的地方，快来和我一起去找一找他的资料吧！

毛泽东读书的故事

　　几十年来，毛主席一直很忙，可他总是挤出时间，哪怕是一分一秒，也要用来读书学习。他的中南海故居，简直是书天书地，卧室的书架上、

毛泽东故居

办公桌上、饭桌上、茶几上，到处都是书，床上除一个人躺卧的位置外，也全都被书占了。

　　为了读书，毛主席把一切可以利用的时间都用上了。在下水游泳之前活动身体的几分钟里，有时他都还要看上几句名人的诗词。游泳上来后，顾不上休息，就又捧起了书本。连上厕所的几分钟时间，他也从不白白地浪费掉。一部重刻宋代淳熙本《昭明文选》和其他一些书刊，就是利用这点儿时间，今天读一点儿，明天读一点儿，断断续续读完的。

　　毛主席外出开会或视察工作，常常带一箱子书。他全然不顾途中列车震荡颠簸，总是一手拿着放大镜，一手按着书页，阅读不辍。到了外地，还是同在北京一样，床上、办公桌上、茶几上、饭桌上都摆放着书，一有空闲就读起来。

　　毛主席晚年虽重病在身，仍不废阅读。他躺在病床上，仍坚持重读了从延安带到北京的一套解放前出版的精装《鲁迅全集》及其他许多书刊。

　　有一次，毛主席发烧到39℃以上，医生不准他读书。他难过地说："我一生最大的爱好是读书，现在你们不让我读书，叫我躺在这里，整天就是吃饭、睡觉，你们知道我是多么的难受吗？"工作人员不得已，只好把拿走的书又放回他身边，他这才高兴地笑了。

1.日理万机的毛主席，利用什么时间读书呢？

_____

2.《毛泽东读书的故事》给我们的启示是什么？

_____

小记者多多的采访笔记

毛泽东固然是一位伟人，但他的大智慧并不是天生的，用他自己的话说：如果不是"我一生最大的爱好是读书"，就没有后来的毛泽东。是读书造就了毛泽东。他爱读书，会读书。无论是在风华正茂的学生时代，戎马倥偬的战争岁月，还是在日理万机的建设时期，以至晚年在病榻上，他都一直在孜孜不倦地勤奋读书，在如饥似渴地寻求新知，直到生命的最后一刻。书，陪伴他走完了伟大的一生。

我们要像毛主席那样珍惜时间，从今天开始，从现在做起，利用一切可以利用的时间去读书，在书的海洋中汲取更多的知识。

毛泽东与福特汽车

新中国成立之前，毛泽东一直没有自己的专用轿车。早在延安时期，著名爱国华侨领袖陈嘉庚先生出于对中国共产党人的敬仰和爱戴，专程将两辆美国"福特"牌轿车送给党中央。党中央有关部门在研究如何使用这两辆车时，大多数人都主张给毛主席配一辆，主席知道后立即表示坚决反对。后来，这两辆车一辆配给了指挥作战的朱老总，另一辆则给了年岁较大的林伯渠、谢觉哉、董必武、吴玉章、徐特立等"五老"使用。当然，由于当时延安仅有这两辆轿车，偶尔也会被毛主席或其他中央领导人紧急调用。

这两辆车还演绎了毛泽东与张思德一段鲜为人知的感人故事。1942年10月，中央军委警卫营与中央教导大队合编为中央警备团，上级决定将张思德由班长改为战士，他愉快地服从了组织分配。第二年春，组织选派他到中央警备团直属警卫队，也就是在毛主席身边的内卫班当警卫战士。这可把张思德乐坏了，下决心要"好好当一名枣园哨兵"！

枣园是毛主席在延安的住所，张思德在这里全心全意站岗放哨。每次毛主席外出开会，他总是提前把枪擦得亮亮的，提着水壶早早等在车边。"福特"牌轿车车身宽大，可以乘坐10个人，车后还有一个专供警卫人员站立的踏板。每次外出，张思德都站在踏板上。有一次，毛主席拍着张思德的肩膀说："小张，以后别站这儿，就坐在车里，外面有危险的！"

1.两辆福特车最后是怎么分配的？

_____

2.毛主席为什么不让张思德站在汽车踏板上？

_____

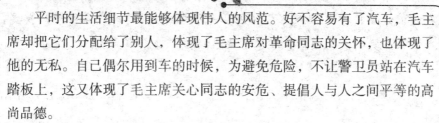

平时的生活细节最能够体现伟人的风范。好不容易有了汽车，毛主席却把它们分配给了别人，体现了毛主席对革命同志的关怀，也体现了他的无私。自己偶尔用到车的时候，为避免危险，不让警卫员站在汽车踏板上，这又体现了毛主席关心同志的安危、提倡人与人之间平等的高尚品德。

周恩来

名人简介

　　周恩来(1898—1976)，字翔宇，曾用名伍豪等，原籍浙江绍兴。马克思列宁主义者，中国无产阶级革命家、政治家、军事家和外交家，中国共产党、中华人民共和国的主要领导人，中国人民解放军的主要创建人和领导人。1921年加入中国共产党。新中国成立后，全国政协副主席、主席任政府总理兼首任外交部部长，并任中央军委副主席等职。1976年1月8日在北京逝世。

课文再现

　　《一夜的工作》（人教版六年级下册）描写了周总理在中南海办公室工作的普通的一夜。何其芳在送文件给总理审阅的时候，见证了总理辛勤工作的一夜。他总是很认真地批阅文件，鸡叫了才去睡觉，第二天还要继续参加工作。总理就是这样日理万机，日夜操劳，得到了中外人民的一致崇敬。

小记者多多有话说 <<<<

　　大家好！我是校报的小记者多多，读了这篇课文，敬爱的周总理在我们的心目中更加伟大了。他还有哪些品德值得我们学习呢？我要多搜集些资料。同学们一定比我更急切了，咱们出发吧！

恰到好处的理解

美国乒乓球代表队在1971年——中国"文化大革命"高潮中来华访问。嬉皮士科恩对周恩来提出的第一个问题是："总理先生，我想知道您对美国嬉皮士的看法。"

> 在当时的中国，嬉皮士是很不受欢迎的。

周恩来看着科恩蓬松飘垂的长发，微笑着说："看样子，你也是个嬉皮士啰。"继而，他把目光转向大家，说："世界的青年们对现状不满，正在寻求真理。在思想发生变化的过程中，在这种变化成形以前，会出现各种各样的事物。这些变化也会以不同的形式表现出来，这是可以理解的。我们年轻的时候，也曾经为寻求真理尝试过各种各样的途径。"

这个科恩是一名大学二年级学生，学的是历史和政治。他原以为在这个"最革命"的国家，听它的总理评价嬉皮士，一定会听到那种"资产阶级的"、"颓废的"、"落后的生活方式"之类的训词。结果出人意料，周恩来不但没有用革命的大道理训人，反而表示十分理解当代青年的思想。

周恩来又将目光转向科恩："要是经过自己实践以后，发现这样做不正确，那就应该改变，你说对吗？"周恩来略略停顿，又补充了一句："这是我的建议，只供你

周恩来邓颖超纪念馆

参考而已。"

　　周恩来这番话，在第二天就几乎被所有的世界各大报纸与通讯社报道。4月16日，科恩的母亲从美国加州威斯沃德托人，辗转将一束深红色的玫瑰花送给周恩来总理，这是为了感谢周恩来对她的儿子讲了一番语重心长的话。

1.科恩向周总理提出了一个什么样的问题？

_____

_____

2.周总理是怎样看待嬉皮士行为的？

_____

_____

_____

小记者多多的采访笔记

　　面对美国人一针见血的提问，我们的总理恰到好处地理解了青年们在对现状不满、寻求真理的过程中出现的一些怪异的行为，从而不给对方造成压力。多好的总理呀，难怪第二天这件事几乎被所有的世界大报与通讯社报道。

　　我们也要学习周总理的这种社交态度，当身边的人和自己意见不一致时，要学会理解、包容，并且委婉地表达自己的意见，这样，你也会成为一个受人尊敬的人。

守卫祖国的尊严

1954年，周总理在日内瓦参加国际会议时，一个美国记者伸出手来主动和周总理握手，周总理出于礼貌没有拒绝。但没有想到，这个记者刚握完手，忽然大声说："我怎么跟中国的好战者握手呢？真不该！真不该！"然后拿出手帕不停地擦自己刚和周总理握过的那只手，然后把手帕塞进裤兜。这时很多人都在围观，看周总理如何处理。周总理略微皱了一下眉头，从自己的口袋里也拿出手帕，随意地在手上扫了几下，然后——走到拐角处，把这个手帕扔进了痰盂。他说："这个手帕再也洗不干净了！"

> 周总理用自己的行动维护了国家的尊严。

尽管中美当时处于敌对状态，但周总理一贯的思想，还是把当权者和普通美国民众分开。在谈判桌上横眉冷对，那是一点情面也不讲的。但在会场外，他对普通美国民众一直是友好的，包括新闻记者在内。所以，当那个美国记者主动要和周总理握手时，周总理没有拒绝。但这个记者看来纯粹是要使周总理难堪，否则不会自己主动握手，然后又懊悔不迭地拿手帕擦手。周总理在他擦手之前，也不会意识到他会这样做。当时围观的人很多，想看周总理如何应对。虽然周总理也拿出手帕擦手，但两人做法不同的是：美国记者擦完手后仍把手帕塞回裤兜，而周总理是擦完手后把手帕扔进了痰盂。周总理的做法有力地回击了美国自己对自己的挑衅，他用实际行动维护了自己和祖国的尊严。

日内瓦国际会议期间，周恩来下榻的花山别墅

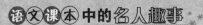

1.周总理为什么没有拒绝同美国记者握手？

_____

_____

2.对于美国记者的挑衅，周总理是如何应对的？

_____

_____

小记者多多的采访笔记

　　列宁曾说过："热爱祖国是千百年巩固起来的，对自己的祖国的一种最深厚的感情。"爱国主义集中表现为一种强烈的民族自尊心，民族自信心，以及维护祖国尊严和国家利益的使命感、责任感。

　　美国记者公然在各国媒体和官员面前，向中国的外交官挑衅，人人都把目光投向周恩来，只见他不紧不慢地掏出一块手帕，轻轻擦了擦手，说："这块手帕再也洗不干净了。"说完便把手帕扔进了痰盂。周总理用行动维护了自己和祖国的尊严。

邓小平

名人简介

　　邓小平（1904—1997），原名邓先圣，字希贤，四川广安人。伟大的马克思列宁主义者，中国无产阶级革命家、政治家、军事家、外交家，中国共产党、中国人民解放军、中华人民共和国的主要领导人，被人们称为中国社会主义改革开放和现代化建设的总设计师，他创立了建设中国特色社会主义的理论，发展了马克思列宁主义、毛泽东思想他所倡导的"改革开放"及"一国两制"政治理念，改变了20世纪后期的中国，也影响了整个世界。

课文再现

　　《在大海中永生》（苏教版五年级上册）讲述了1997年邓小平去世了，全国人民悲痛万分。人们将他的骨灰撒在大海里，让他永远与大海同在，与祖国同在，与人民同在。

小记者多多有话说 <<<<

　　同学们好，我是校报的小记者多多，学习了这篇课文，我们知道邓小平爷爷与大海同在，与祖国同在，与人民同在。他的身上，一定有很多值得我们学习的地方。采访之前，我要多准备些资料。同学们也跟我一起去进一步了解他吧！

课外链接

邓爷爷小时候的故事

夏季在喧嚣中过去了，火红的太阳将大地烤成一片金黄，到处是黄澄澄的谷穗。房前架上挂起了金灿灿的苞谷棒，四处呈现一片丰收的欢乐景象。

学校开学了，邓小平结束了假期，回到了北山学堂上课。

邓小平学习非常努力，成绩也不错，同学们既尊重他又羡慕他。不用说，老师们就更喜欢这个聪明勤奋的学生了。

随着年岁的增长，邓小平越来越爱独立思考一些问题了，思想也在学习中慢慢成熟起来。他最喜欢听老师讲历史故事和时事新闻，国文教员邓俊德就经常在课堂上给学生们讲历史和政治故事，所以邓小平最喜欢听邓老师的课。

有一次上国文课，邓俊德老师问大家："同学们，你们有谁知道清王朝是怎样投降外国侵略者、残酷镇压人民反抗的吗？"

同学们你看看我，我望望你，谁也答不上来。

邓老师悲愤地讲起了鸦片战争和中法战争、中日甲午海战，揭露了腐败的清朝政府不惜出卖国家主权、与外国侵略者互相勾结、残酷镇压太平天国起义和义和团运动的种种暴行。当讲到八国联军在中国的土地上烧杀抢掠、欺压百姓时，邓老师激动得几乎说不下去了。

"同学们，我们千万不能忘记这段历史，更不能忘记中华民族所受过的屈辱和仁人志士所作出的牺牲啊！不过，有一点你们要记住：挽救中国要靠我们整个中华民族，更重要的是要靠你们这一代既有文化又有献身精神的少年啊！"邓老师慷慨激昂的话语，使邓小平和同学们怒火中烧，热血沸腾。

下课之后，同学们都议论纷纷，只有邓小平默默地坐在座位上沉思着，他心里在问：这一切都是为什么？为什么腐败的清王朝对外国列强这样软弱无力，而镇压国内的老百姓却又这样的残酷，难道我们就不能将皇帝打倒，将清王朝推翻吗？

他又想起父亲曾说过，他参加"哥老会"，为的是"反清灭洋"。这样看来，父亲和邓老师，都是在为中国的前途和命运而斗争啊！那我们怎么办呢？邓老师不是说，希望在我们这一代人身上吗？邓小平幼小的心灵开始琢磨起这个令他感到困惑的问题来。

又到了上国文课的时间，邓老师对同学们讲："同学们，你们看见那高耸的教堂了吗？那就是洋人建的。可是洋人为什么能将自己的教堂建在我们中国的土地上呢？那是因为他们依靠的是洋枪洋炮，再加上腐败的清王朝对洋人百依百顺，中国的领土和主权，就这样被软弱无能的清政府给出卖了。特别是经过鸦片战争之后，世界列强将我国的领土一块块割去，想方设法变成他们的领土和管辖区。上世纪四十年代以来，清王朝与英德俄法美日意等列强签订了一系列不平等的条约，把中国的领土和主权让了出去。清政府甚至将香港和澳门分别租借给英国和葡萄牙，租借期是99年，让那些高鼻子的洋人在我们的领土上趾高气扬，让世界列强的国旗任意插在我们的土地上，这真是中华民族的奇耻大辱啊！所以，要想洗刷我们的耻辱，收复我们的主权，只有推翻无能的清政府，建立一个强大的中国。同学们，只要我们团结一心，强大我们的民族，就能够打败世界列强，收回我们失去的领土就能令我们的国人扬眉吐气。而这一重任，就在你们这一代人身上，你们是我们中国的希望，国家要靠你们振兴，领土主权要靠你们收回。所以，你们一定要自尊自强，努力学习，为我们中国争光争气，实现祖国的山河统一啊！"

听了邓老师的话，邓小平的内心久久不能平静，他幼小的心灵中萌发了强烈的爱国热情。虽然他当时不能体会得那样深，想得那样远，但是有一点却让他终身难忘，那就是：要强国雪耻，

> 受了老师的启发，邓小平从小就有了远大的志向。

要收回被外国侵略者占领的中国领土和主权，将侵略者赶出去。所以当有一位同学在课后问他："邓小平，邓老师说希望在我们身上，你准备将来怎么办？"

邓小平坚定地说："读好书，学好本领，富强中国，收回领土。"几句

话，说得那位同学钦佩得直点头。

在邓俊德老师的教育下，爱国思想在邓小平的心中渐渐开始萌芽。在邓小平的革命生涯中，他从来都没有忘记自己从少年时代就树立起的远大志向和抱负，他一直为此而奋斗着。

小记者多多考考你

1.年少的邓小平，在听完老师的讲话之后为什么心里久久不能平静？

_____

_____

2.同学问邓小平将来准备怎么办的时候，他是怎么回答的？

_____

_____

小记者多多的采访笔记

封建制度的落后，清政府的腐败无能，使当时的中国受尽列强凌辱。邓小平从小接受了良好的教育，萌生了救国救民的思想，这是他走向革命道路的最初动因。

正是因为有着很多邓小平这样的爱国人士，中国才走出任人宰割的泥潭，逐渐走上了国富民强的道路。

邓小平破除迷信

在邓小平家附近，有两块高三米、宽一米的石碑立在两个巨大的石乌龟背上。这是清朝嘉庆年间朝廷为表彰广安籍高官邓时敏和郑人庆的功绩而赐造的。当地老百姓对它们十分敬畏，谁也不敢去碰、去摸，免得招来灾祸。

邓小平的故乡四川广安

有一天，邓小平和村里的一群小伙伴到这里玩耍，看着巨大的石乌龟，他眼珠一转，招呼小伙伴们："我们爬到乌龟背上去玩好不好？"别看小伙伴们平时都挺听邓小平的，这时却吓得纷纷往后退，他们说："我可不敢，听大人们讲，这乌龟是摸不得的，碰了它会生病的。"可邓小平却不信这个邪，他说："一个石头打的乌龟有那么神吗？我不信，你们不敢爬，我去爬。"果然，邓小平在小伙伴们惊恐的眼神中爬了上去，并高兴地对站在下面目瞪口呆的小伙伴们说："真好玩！真好玩！"后来小伙伴们看邓小平也没招来什么病灾，也纷纷壮着胆子，爬上去玩耍。

> 在勇敢的邓小平面前，封建迷信是站不住脚的。

这不信神、不信鬼、破除迷信的行为，也算是邓小平童年时代一个惊世骇俗的举动吧！

1.邓小平家附近的石乌龟是怎么来的？

_____

_____

2.小伙伴们开始为什么不敢到乌龟背上去玩？

_____

_____

小记者多多的采访笔记

中国封建社会的历史时期非常漫长，在此期间，一些统治者为了维护自己的统治而刻意宣传封建迷信思想，因而其在群众中的影响广泛而深远，尤其是在农村。这种深刻的历史渊源是封建迷信禁而不止的根源。

作为一代伟人，邓小平从小就有破除迷信的勇气和过人的胆量，有一种对国家、对民族的强烈责任感，正是由于这种勇气和责任感，他才为中国的改革开放事业作出了巨大贡献。

林 肯

亚伯拉罕·林肯（1809—1865），政治家，美国第16任总统，是首位美国共和党总统，林肯是美国历史上伟大的总统之一，他领导了美国南北战争，发表了《解放宣言》草案，维护了美联邦统一，为美国在19世纪跃居世界头号工业强国开辟了道路，使美国进入经济发展的黄金时代，被称为"伟大的解放者"。

课文再现

《鞋匠的儿子》（苏教版六年级上册）讲述了林肯在演讲时折服不礼貌的议员的故事：林肯是美国有作为的总统之一，他在演讲的时候遭到议员的嘲弄，说他是鞋匠的儿子。林肯凭着真挚的演讲，获得了大家热烈的掌声，那些嘲笑他的人也对他肃然起敬。

小记者多多有话说 <<<<

嗨！同学们好，校报的小记者多多来了，学习了这篇课文，你对林肯一定有了更深入的认识。他还有什么品质是值得我们学习与借鉴的呢？快来和我一起准备些资料吧！

语文课本中的名人趣事

课外链接

林肯干活赔书

1809年2月12日，亚伯拉罕·林肯出生在一个农民的家庭。小时候，家里很穷，他没机会上学，每天跟着父亲在西部荒原上劳动。

一天，小林肯高兴地从邻居叔叔那儿借来一本《华盛顿传》。

一回到家，小林肯就急急地打开书看了起来，一直看到深夜，书看完了，他也累得趴在桌子上睡着了。半夜里下起了雨，小雨珠从房顶上"滴答滴答"地漏了下来，正好落在了那本新书上。

> 林肯小时候就非常喜欢读书。

林肯小的时候

迷迷糊糊的小林肯，听到雨珠落下的声音，一下子惊醒了，他赶紧起书，可是已经晚了，书湿了一大片。邻居叔叔很生气，认为小林肯答应好好保管，却还是把书弄脏了。

小林肯为了赔偿邻居叔叔，连着一个星期帮邻居叔叔家干活，叔叔很感动，认为他太懂事了，不仅原谅了他，还送了他不少书呢！

 小记者多多考考你

1. 小林肯是怎么把书弄脏的？

_____

_____

2. 小林肯用什么方法赔偿了邻居叔叔的书？

_____

_____

小记者多多的采访笔记

　　人的一生中都会或多或少、或轻或重地犯错误。从某种意义上说，做错事情是不可避免的，关键是如何对待自己犯下的错误。有责任感的人总是能够勇敢地承认自己的错误，尽力去改正或者弥补错误。

　　小林肯为了赔偿邻居叔叔的书，在邻居叔叔家干了一周的活，这种知错就改的品质值得我们学习。也正是这种敢于承担错误的品质，为他后来成为美国历史上杰出的总统打下了基础。

不能丢掉良心

　　林肯小时候，没怎么上学，长大后，他离开家乡独自一人外出谋生。他什么活儿都干，打过短工，当过水手、店员、乡村邮递员、土地测量员，还

干过伐木、劈木头的体力活儿。但不管干什么，他都非常认真负责、诚实而且守信用。

> 林肯从小就是一个对自己要求非常严格的人。

他十几岁时当过村子里杂货店的店员。有一次，一个顾客多付了几分钱，他为了退这几分钱跑了十几里路。还有一次，他发现少给了顾客二两茶叶，就跑了几里路把茶叶送到了那人家中。他诚实、好学、谦虚，每到一处，都受到周围人的赞扬。

1834年，25岁的林肯当选为伊利诺斯州议员，开始了他的政治生涯。1836年，他又通过考试当上了律师。

当律师以后，由于他精通法律，口才很好，在当地很有声望。很多人都来找他帮着打官司。但是他为当事人辩护有一个条件，就是当事人必须是正义的一方。许多穷人没有钱付给林肯律师费，但是只要告诉他："我是正义的，请你帮我讨回公道。"林肯就会免费为他们辩护。

一次，一个很有钱的人想请林肯为他辩护。林肯听了那个客户的陈述，发现那个人是在诬陷好人，于是就说："很抱歉，我不能替您辩护，因为您的行为是非正义的。"

那个人说："林肯先生，我就是想请您帮我打赢这场非正义的官司，只要我胜诉，您要多少酬劳都可以。"

林肯严肃地说："只要使用一点点法庭辩护的技巧，您的案子就很容易胜诉，但是案子本身是不公平的。假如我接了您的案子，当我站在法官面前讲话的时候，我会对自己说：'林肯，你在撒谎。'谎话只有在丢掉良心的时候，才能大声地说出口。我不能丢掉良心，也不可能讲出谎话。所以，请您另请高明，我不能为您效劳。"

林肯的杂乱小屋

那个人听了，什么也没说，只好离开了林肯的办公室。

1.为什么林肯小时候周围的人都喜欢他?

_____

_____

2.林肯为什么不肯替那位有钱人辩护?

_____

_____

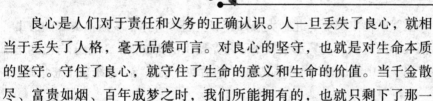

良心是人们对于责任和义务的正确认识。人一旦丢失了良心,就相当于丢失了人格,毫无品德可言。对良心的坚守,也就是对生命本质的坚守。守住了良心,就守住了生命的意义和生命的价值。当千金散尽、富贵如烟、百年成梦之时,我们所能拥有的,也就只剩下了那一份良心了。

罗斯福

名人简介

富兰克林·德兰诺·罗斯福（1882—1945），出生于纽约。就学于哥伦比亚大学法学院。历任助理海军部长、纽约州州长。1932年竞选总统获胜。罗斯福提出了建立联合国的构想，并得到了实施。1949年第四次当选总统，次年因突发脑溢血抢救无效去世。

课文再现

《罗斯福集邮》（北师大版四年级上册）讲述了罗斯福集邮的故事：罗斯福很小的时候从舅舅那里接下了母亲留下的集邮册，开始了自己的集邮生活。他一生中参加过许多与邮票有关的活动，就算当了总统也不忘集邮。

小记者多多有话说 <<<<

嗨！我是校报的小记者多多，学习了这篇课文，我对美国前总统罗斯福有了一定的了解，他还有哪些值得我们学习的地方呢？他是一个优秀的总统吗？让我们用资料来说话吧！

茂盛的小树

一个小男孩几乎认为自己是世界上最不幸的孩子，因为患脊髓灰质炎而留下了瘸腿和参差不齐且突出的牙齿，他很少与同学们游戏或玩耍，老师叫他回答问题时，他也总是低着头一言不发。

在一个平常的春天，小男孩的父亲从邻居家讨了一些树苗，父亲想把它们栽在房前。他叫他的孩子

生命力旺盛的树木

们每人栽一棵。父亲对孩子们说，谁栽的树苗长得最好，就给谁买一件他最喜欢的礼物。小男孩也想得到父亲的礼物。但看到兄妹们蹦蹦跳跳提水浇树的身影，不知怎的，他萌生出一种奇怪的想法：希望自己栽的那棵树早点死去。因此在浇过一两次水后，他再也没去搭理它。

几天后，小男孩再去看他种的那棵树时，惊奇地发现它不仅没有枯萎，而且还长出了几片新叶子，与兄妹们种的树相比，它显得更嫩绿、更有生气。父亲兑现了他的诺言，为小男孩买了一件他最喜欢的礼物，并对他说，从他栽的树来看，他长大后一定能成为一名出色的植物学家。

从那以后，小男孩慢慢变得乐观向上起来。

一天晚上，小男孩躺在床上睡不着，看着窗外那明亮皎洁的月光，忽然想起生物老师曾说过的话：植物一般都在晚上生长。何不去看看自己种的那棵小树？当他轻手轻脚来到院子里时，却看见父亲用勺子在向自己栽种的那

棵树下泼洒着什么。顿时，他明白了一切，原来是父亲一直在偷偷地照顾自己栽种的那棵小树！他返回房间，任凭泪水肆意地流淌……

几十年过去了，那瘸腿的小男孩虽然没有成为一名植物学家，但他却成为了美国总统，他的名字叫富兰克林·罗斯福。

> 此时此刻，最伟大的是亲人的爱！

1.富兰克林·罗斯福小时候是个很活泼的孩子吗？

_____

_____

2.是谁在偷偷地照顾富兰克林·罗斯福种下的那棵小树？

_____

_____

小记者多多的采访笔记

父母给了我们每个人生命，不管这个生命是健壮还是不健壮，我们都要细心爱护，让我们有限的生命焕发更多更耀眼的光彩，以回报父母无微不至的关爱吧。小罗斯福返回房间的那一刻，任凭泪水肆意流淌的同时，他明白了，他今生虽然不是最健壮的，但他一定要努力成为最优秀的，他可以做的事情有很多很多。所以，他以后一定是这样做的：努力生活，珍惜生命，不给自己的人生留下遗憾！

罗斯福"妙语"定乾坤

1940年12月17日，美国白宫，罗斯福总统终于在记者招待会上露面了。

此时，正值美、英、苏等国家共同抗击纳粹德国的关键时刻。英国处在欧洲反法西斯战争的最前线，由于黄金外汇已经枯竭，根本无力按照"现购自运"原则从美国手中获取军事装备。美国作为英国的重要盟友，罗斯福深知唇齿相依的道理。在反法西斯战争旷日持久的情况下，英国一旦被纳粹击溃，希特勒将会扩大势力，势必严重威胁到美国及全球的利益。美国全力支持英国，是理所当然的事情。

但是，美国国会一些目光短浅的议员们只盯着眼前利益，丝毫不关心反法西斯盟友和欧洲糟糕的战局。罗斯福认为：应该说服他们，应该使《租借法》顺利通过，应该全力支持英国。为此，他特别举行了这个意义重大的招待会。

行军中的美军士兵

"尊敬的女士们、先生们！"罗斯福在简要介绍了《租借法》之后，紧接着用浅显的比喻来说明他的设想，"假如我的邻居家失火，而我拥有一条浇花的水管，要是赶紧借给邻居拿去接上水龙头，就可以帮他灭火，以免火势蔓延到我家。但是，在借出前要不要跟他讨价还价？

> 一个浅显的例子，道出了战争背后深刻的利害关系。

'喂，朋友，这条管子得花15美元，弄坏了你得照价付钱的。'此时十万火急，邻居上哪里去找钱？我想，还是不要他15美元为好，只要他灭火之后原物奉还。如果灭火后水管还好好的，他会连声道谢；如果他把东西弄坏了，他一定会照赔不误，我也不会吃亏的。"

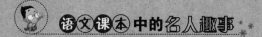

记者们穷追不舍，问罗斯福总统："请问，总统阁下所说的水管一定是指武器了？"

"当然！"罗斯福毫不掩饰，"我只不过以此来阐述《租借法》的原则而已。也就是说，如果你借出一批武器，在战后得到归还，而且没有损坏的话，或者陈旧了，干脆丢弃，只要别人愿意理赔，我想，你依然没吃亏，不是吗？"

罗斯福总统一番比喻，举一反三，浅显易懂，即刻语惊四座，并经由新闻媒体报道，传遍全球。

1.罗斯福为什么要全力支持英国？

_____

_____

2.罗斯福是怎样阐述《租借法》的原则的？

_____

_____

小记者多多的采访笔记

　　罗斯福在反法西斯战争中表现出的大智大勇令人敬佩，他用一个形象的比喻阐述了《租借法》的原则，让《租借法》得以顺利通过，为世界反法西斯战争的胜利起到了推动作用，其智慧无人能及。

　　我们在思考问题的时候也应如此，要能顾全大局，要有整体观念，不要在无关紧要的细节上锱铢必较。

军事家

朱　德

名人简介

　　朱德（1886—1976），原名代珍，字玉阶，四川仪陇人，无产阶级革命家、政治家、军事家。1922年加入中国共产党。1927年参加并领导南昌起义。1934年参加长征。抗日战争时期，任八路军总指挥，解放战争时期任中国人民解放军总司令。新中国成立后，任中华人民共和国副主席、中共中央军委副主席、全国人大常委会委员长、人民革命军事委员会副主席、国防委员会副主席。1955年被授予中华人民共和国元帅军衔。1976年7月6日在北京逝世。

课文再现

　　《朱德的扁担》（苏教版二年级上册）讲述了朱德和战友们挑粮食，被战士们藏了扁担的故事：在井冈山的时候，朱德每天除了繁忙的工作，还跟战士们一同翻山越岭去很远的地方挑粮。战士们怕他累坏了，藏了他的扁担，谁知他第二天又重新做了一根，还刻上了自己的名字，战士们从此更加敬佩他，也不好意思再偷他的扁担了。

小记者多多有话说 <<<<

　　同学们好！小记者多多又和大家见面了，学习了这篇课文，你是不是想亲手摸一摸朱德的扁担呀？他还有哪些值得我们学习的地方呢？同学们跟我一起到我的资料库去了解一下吧！

课外 链接

一块银元

1929年，朱德军长率领三千多名红军战士风尘仆仆地来到横口福鼎村并驻扎了下来。由于条件有限，吃饭吃菜就成了一件大事。刚开始，由于地主造谣惑众，加上村民对红军并不了解，许多人弃家躲避，来不及逃的人关门闭户，筹集粮菜一时陷入了困境。朱德军长严明纪律，让战士挨家挨户做思想工作。一天，两名战士到村南一户人家，只见大门紧锁，听说主人已逃到外村亲戚家中。两人看见门口有一个南瓜大架棚，十分旺盛，棚上挂着两个黄艳艳的大南瓜，小战士心想：主人又不在，怎么买呢？大个子战士说："把两个南瓜割下，我写一张纸条，就说钱以后送来。"说完，割下南瓜，写了一张字条"买两个南瓜，以后付钱——红军"，放在架上回去了。

由此可见朱德军长纪律严明，绝不拿群众一针一线。

吃晚饭时，朱德吃到了香酥的南瓜饭，在询问是谁买的瓜时，他才知道南瓜没有付钱。他让人叫来那两位战士，从背包里拿出一块银元，严肃地说："人不在，也不能白吃呀。"说完要两位战士去还钱。两位战士原以为办了一件好事，没想到却受到首长的批评，顿时面面相觑。等他们回过神来时，早已站在身旁的排长对他们耳语了一番，他俩赶紧还钱去。

朱德的部队进村后，帮助村民打扫庭院、挑水劈柴，一位大爷病了，还派医生为他诊治……一桩桩爱民的好事在村里传颂着。村民们消除了误解，事实戳穿了地主造谣中伤的阴谋。外逃的村民回来了，村子里家家户户敞开大门，争相帮红军做事，有送粮送菜的，有送儿子来当兵的，真是军民鱼水一家亲呀。又说村南那户种南瓜的村民叫陈亮，他携妻带儿回到家里，一切依然如故，十分高兴。只是棚上两个南瓜不见了，他心里想：家在就好，两个南瓜算是让贼偷了吧。在村民大会上他无意说了这事，为此那两个小战士又狠狠挨了一顿批，心里可不服气呢！

一天，陈亮的妻子上棚里割南瓜叶准备煮了喂猪，不经意间看见被割走的一个南瓜蒂上用红布扎着一个小包。她拿下来一看，里面包着一块亮闪闪的银元，还有一张小字条，可她不识字，急忙拿到村里给丈夫看，只见字条上写着："老乡：买两个瓜送上一块银元。——红军。"

村里人都聚拢过来，大家议论纷纷。陈亮顿时面红耳赤，捶胸顿足，大声说："我好糊涂啊！原以为南瓜被贼偷了，没想到红军战士纪律严明，买东西付钱，一块银元可买好多南瓜呀！"说完他拉着妻子一起找朱德，一是把银元还了，二是要向两位战士赔罪。朱德军长激动地对他们说："这是红军应该做的。银元你留着，至于赔罪由我来吧。"回到家里，陈亮倾其所有，把鸡蛋、鸭蛋装满箩筐，上面用红纸写着"拥军爱民"，一家三口高高兴兴担着慰问品去送给红军。红军走的前一天，他还特意杀了自家的大肥猪前去慰劳。

朱德年轻时的照片

一石激起千层浪。"银元故事"在村里传开了，后来，一位诗人以此为题材写了一首诗，题目是《南瓜蒂上长白银》，一位画家以此为题材的国画还得了奖。从此，拥军爱民的优良风尚在当地代代相传。

小记者 多多 考考你

1.陈亮看到南瓜蒂上的银元后，是怎么做的？

_____

_____

2.红军刚进村和要离开时，百姓的态度有什么变化？

_____

_____

小记者多多的采访笔记

党领导的人民军队，有着极其严明的纪律。在战争年代，"不拿群众一针一线"这一铁的纪律，使人民军队受到亿万群众的拥戴。人民群众就是抗日队伍的坚强后盾，抗战能取得最后胜利，离不开老百姓的支持。

朱德"买"南瓜的事，使当地的百姓深受感动，他的这一举动赢得了百姓们的信任，拥军爱民在当地代代相传。

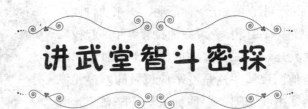

讲武堂智斗密探

1909年春，年仅23岁的朱德，怀着"从军救国"的梦想，挥别故乡四川来到昆明，一年后入云南陆军讲武堂，在丙班步兵科开始了紧张而有序的军事训练生活。该校李烈钧、罗佩金、唐继尧、顾品珍等一批教职员都是日本士官学校的毕业生，他们在日本留学时就参加了孙中山领导的同盟会，怀有强烈的反清情绪。这些教职员在学生中大力发展会员，第一学期即将结束时，朱德成为同盟会会员。此后，朱德积极参加同盟会举行的各种秘密活动，大家相互交流各地的革命信息，并争相传阅当时的《民报》、《革命军》、《警世钟》、《猛回头》、《新世纪》和《云南》等进步刊物。许多青年学生也深受影响，纷纷加入同盟会，从此走上了民主革命的道路。

时任云南总督的李经

朱德故居

羲，得到"禁书"（指各种进步刊物）在云南陆军讲武堂大肆流传的密报后，便命令昆明知府速派人到陆军讲武堂日夜侦察，一旦发现有传阅"禁书"者，立即缉拿归案。于是，知府便从社会上招来一批地痞流氓，装扮成新军的军官，混入讲武堂。

一个星期天的上午，同学们都相约外出游玩去了，只有朱德还端坐在静悄悄的教室里，如饥似渴地读着一本借来的进步书刊。突然间，一只大手拍在他的肩膀上，同时听到一声大喝："你是革命党！跟我走！"

朱德在震惊中猛然回头一看，见是经常出没在讲武堂的那个密探，便有意装起糊涂来，不动声色地回答说："你认错人了。我不姓'葛'，我姓朱，叫朱德。"

> 朱德真是聪明，利用谐音巧妙地戏耍了密探。

"你不是革命党，那肯定是同盟会了？"

"长官，我不是'佟梦惠'，我真的叫朱德，在丙班步兵科。你若不信，可去问罗佩金教官和李根源总办。"

"你别跟我打哈哈。你不是革命党，也不是同盟会，那在这里干什么？"

"我在看书。"此时朱德早已将书合上，把书的正面翻扣在桌子上。

这一切被密探看在眼里，他冷笑着说："我知道你在看书，问题是你在看啥子书？老实对你讲，我早就盯上你了。今天，你就是插翅也飞不掉了！"他伸手一把夺过那本书，狡猾地瞄了朱德一眼，把书翻过来一看，封面画却是"刘关张桃园三结义"，立时就傻眼了。

朱德镇定自若地说："长官，我在看《三国演义》，刚才正看到诸葛亮巧施空城计，着迷了，不晓得有人进来，实在对不起。"

见密探尴尬地拿着书仍不撒手，朱德便有意戏弄他一下，好逼他把书还给自己："你保准读过《三国演义》！如能给讲两段精彩的，我就不费工夫看了。"

密探立即推辞说："今天，我有公务在身。'三国'嘛，改天再讲，改天再讲。今天还是你自己去看吧！"说着把书扔给朱德，然后掉头走出了教室。

要说朱德看的确实是一本进步读物，只是为防万一，他特地给书包了个《三国演义》的封皮。此事迅速在校园传开，朱德周围的同学纷纷效仿。

1.朱德看书被密探发现后是怎样装糊涂的？

_____

_____

2.朱德把进步书籍的封皮换成"三国演义"，起到了什么效果？

_____

_____

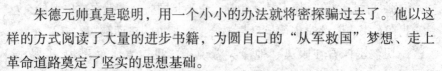

　　朱德元帅真是聪明，用一个小小的办法就将密探骗过去了。他以这样的方式阅读了大量的进步书籍，为圆自己的"从军救国"梦想、走上革命道路奠定了坚实的思想基础。

　　与敌人斗争不能光有一腔热血，还要善于动脑，这样才是取得胜利的保障。学习或生活中同样如此，只有善于动脑，才能解决更多的问题，帮助自己成长。

彭德怀

名人简介

彭德怀（1898—1974），原名得华，号石穿，湖南湘潭人。中国无产阶级革命家、军事家，中国人民解放军创建人和领导人。1928年加入中国共产党。曾任红三军团总指挥、八路军副总指挥、中国人民解放军副总司令、第一野战军司令员兼政治委员、国务院副总理兼国防部部长等职。1955年被授予中华人民共和国元帅军衔。1974年11月29日在北京逝世。

课文再现

《彭德怀和他的大黑骡子》（苏教版五年级下册）讲述了过草地的时候彭德怀杀骡子给大家补充体力的故事：红军过草地的时候非常艰苦，大家都没有可以吃的东西了。彭德怀为了让更多的人活着走出草地，决定杀了自己的大黑骡子，给大家当粮食。他自己却非常难过，不忍心吃一口。

小记者多多有话说 <<<<

同学们好！校报的小记者多多又来了，彭德怀元帅的无私与善良一定让你感动得流泪了吧。他还有很多值得我们学习的地方，到我的资料库看看，你就知道了。

给彭德怀照相的故事

抗美援朝五次战役结束后，志愿军召开了一次很重要的会议，时为战地记者的张友林走进会议室，想给志愿军司令员兼政委彭德怀拍摄一张照片。当张友林举起相机对准彭老总时，不料遭到拒绝："我彭德怀有什么好照的？不要突出我个人，你省下胶卷给志愿军战士照嘛！"张友林受到批评后，委屈地走出了会场。

> 彭德怀想到的总是别人，唯独没有他自己。

会议中间休息时，志愿军副司令员陈赓走过来安慰张友林，接过相机说："你别难过，我来帮你照。"彭老总见副司令员给自己照相，虽然不好拒绝，但表情很严肃，总是绷着脸，最后也没照成。后来，张友林了解到，不少摄影记者在给彭老总照相的时候都吃过"闭门羹"。

时隔不久，在志愿军政治部召开的一次党的组织生活会上，有的同志提出："彭德怀同志是志愿军司令员，中国人民和世界人民都渴望看到他在战场上的形象，中央宣传部门和中央一些报刊也叫我们提供材料和照片。"志愿军副政委甘泗淇将军向彭老总转达了这一意见，彭老总的态度才有所转变。

彭德怀故居

一天，彭德怀兴致勃勃地来到上甘岭阵地前沿视察，张友林闻讯后立即赶到阵地，见彭老总和战士们谈笑风生，表情轻松，他连忙取出相机准备拍照。彭老总一眼认出了被自己批评过的张友林，笑着说："哦，又是你这个小记者，今天你随便吧！"张友林抓住时机按下快门，拍下了一张珍贵的照片。这张照片的底片，现被收藏在军事博物馆内。

1.彭德怀为什么批评给他照相的战地记者？

_____

_____

2.彭德怀在上甘岭视察时，对张友林的态度有什么变化？

_____

_____

小记者多多的采访笔记

　　彭德怀元帅是在我军内外享有崇高威望的无产阶级革命家、军事家。在生活方面，彭德怀发扬廉洁奉公、艰苦朴素的传统，公而忘私，不为自己谋一点私利，勤俭节约，堪称共产党员的楷模。为了省下胶卷给志愿军战士照相，彭德怀绷着脸批评了给他照相的记者。在志愿军副政委的劝说下，他的态度才有所转变。

　　彭德怀一生保持着节俭清廉的生活作风，是共产党人的光辉典范，为后人留下了宝贵的精神财富。

彭德怀撕画像

1949年9月28日，彭德怀接到国民党新疆警备总司令陶峙岳、国民党新疆省政府主席兼新疆保安司令包尔汉的起义通电，十分高兴，当即对身边的同志说："立即出发！到新疆去！"

10月1日，乌鲁木齐各族群众数万人拥上街头，欢庆解放。在沸腾的人群里，出现了一些画像，有毛泽东、朱德、周恩来，还有彭德怀。彭德怀看到自己的画像，浓黑的眉毛顿时拧了起来。

一排巨幅画像被群众抬着，迎面走了过来。

> 简洁的语言描写突出了彭德怀谦虚、开朗的性格。

彭德怀迎了上去，笑着说："我这模样长得不好，难为画家了，还是扯下来，不要抬举着让它招摇过市了！"说着，他亲手将画像撕下来，并高声对群众解释道："同志们！同胞们！我就是这个画像上的人，我是彭德怀。不要抬着我的画框子嘛，应该举起毛主席和朱总司令的画像，还有我们的红旗！"

还有一次是发生在1949年岁末。这天，一野二兵团在兰州召开扩大会议。这时，一位代表带来喜讯："彭老总到了！"代表们喜出望外，纷纷起立鼓掌。平时不苟言笑的彭德怀，一进门面对笑脸、掌声，也禁不住含笑答谢，还不时向代表们问候致意。可侧身一瞥，他脸色陡变，驻足不前。陪同进场的兵团司令员许光达估计有纰漏，立即示意代表们安静。只见彭德怀手指主席台上的画像一声怒吼："快把靠边的那个给我摘下搬走！"大家听后为之一震，全场鸦雀无声。大家正纳闷时，彭德怀直言发问："都摆摆看，我彭德怀吃几碗干饭，有什么资格能抛头露面地和毛主席、朱总司令的画像并排起来？"接着又问："我说过不准挂我的像，为什么就是不听？"这一问，使许光达如梦方醒地想起往事，"二纵"挂彭德怀的像也曾挨过批。他立即回答道："是我们粗心大意忘记了彭老总立下的规矩，我们马上改正。"彭德怀听后火气也就慢慢消了。代表们从这无意间的震怒中，又一次被彭德怀严格要求自己的人格魅力所折服。

1. 彭德怀为什么要撕掉自己的画像？

_____

_____

2. 不让挂自己的画像体现了彭德怀什么样的情操？

_____

_____

小记者多多的采访笔记

彭德怀为中国革命的胜利立下了赫赫战功，他却不愿意把自己的画像大张旗鼓地呈现在公众面前，这种淡泊名利的品质是多么可贵呀！

在中国革命的艰辛道路上，还有很多像彭德怀这样的人，正是他们默默无闻地工作，推动了中国革命的进程。他们这种不求回报不重名利的高尚品德，永远值得我们学习。

贺 龙

名人简介

　　贺龙（1896—1969），原名贺文常，字云卿，湖南桑植人，中国无产阶级革命家、军事家，中国人民解放军创始人和领导人之一。1916年起从事革命活动。1927年参加领导南昌起义，同年加入中国共产党。抗日战争时期任八路军第一二〇师师长。新中国成立后，历任中央军委副主席、国务院副总理兼国家体委主任等职。1955年被授予中华人民共和国元帅军衔。1969年6月9日逝世。

课文再现

　　《草帽计》（北师大版四年级下册）讲述的是：解放战争时期，贺龙的部队在山里遭遇敌机和敌人的追击，他巧妙地运用"草帽计"，让敌机将敌人误认为是红军，进而狂轰滥炸自相残杀，而自己的部队却躲过一劫。

小记者多多有话说 <<<<

　　嗨！同学们好，我是校报的小记者多多，通过这篇课文的学习，我们更加敬佩贺龙元帅了。他一定还有很多值得我们学习的地方吧？是不是想更多地了解他呢？那就到我的资料库去看看吧。

课外链接

贺龙的口才

　　1925年，贺龙任国民革命军湖南澧州镇守使。有一次，他的部下在津市查获了一艘货物内夹带有枪支、弹药和鸦片的英国走私船。正当贺龙思量该如何惩治这些非法走私的英商时，英国领事却气势汹汹地上门索要被扣财物来了。贺龙见状，就让他开具一张损失货物的清单。

　　英国领事以为贺龙迫于英国的威势要交还被扣物品，于是就写了份清单，但却隐瞒了枪支、弹药、鸦片等违禁物品。贺龙一看笑了，就对领事说："清单写全了吧，我方就按这个清单去处理。""贺将军且慢！"领事赶紧拿回清单，补上枪支、弹药和鸦片并签了名，然后趾高气扬地说："贵方必须按此单清还，一样都不能少！"

　　贺龙接过清单，幽默地说："贵国商人走私军火、贩运毒品，违犯我国法律，也违犯国际公法。我们已经缴获物证，今天承蒙阁下亲自登门为我方提供白纸黑字的书证，现在人证物证俱在，我们将马上向全世界公布，严惩这些违法商人。谢谢领事阁下的大力协助喽！"英国领事张口结舌。不久，贺龙便依法严惩了这伙不法英商。

　　第26届世乒赛，是在我国举办的第一次世界性赛事。赛前，国家乒乓球队员心理压力很大。时任体委主任的贺龙，拉着陈毅副总理去看望他们并为他们减压。

　　见大家都很紧张，贺龙便开门见山地说道："今天我们不是来向你们要奖杯，不是给你们增加包袱来的，哈哈哈……"现场的气氛顿时轻松起来。贺龙接着说："我们的乒乓球队，从1953年第一次参加世界锦标赛到现在，还不到9岁，是个'红领巾'嘛！一个9岁的娃娃，要把30多个乒乓强国都打下来，把7个奖杯都当包袱背起来，是背不起的。身上没有杯子，就可以放松打；7个杯子压在身上，就打不好。再说，7个杯子你们都留下，人家远道而来，一个杯子都带不走，岂不扫兴？……杯子不稀奇嘛，以后'红领巾'们长大了，我们要几个拿几个！"

一席话说得大家乐不可支。这时，陈毅站起来说："贺老总说得对！有啥子'包袱'嘛，你们打输了，我请你们吃饭！"贺龙哈哈大笑："打输了，陈老总请客；打赢了，我请客。总之，都有饭吃！"这届世乒赛，队员们放下包袱，打出了水平，一举拿下4项冠军。

1. 英国领事明知走私枪支、弹药和鸦片违法，为何还敢把它们列入清单？

_____

_____

2. 贺龙所说的"杯子"和"包袱"分别指什么？这里运用了什么修辞手法？

_____

_____

小记者多多的采访笔记

> 每当说起贺龙，人们脑海中总会浮现一位横刀立马、战无不胜的将军形象。而文中的这两个故事，却让我们看到了贺龙的另一面。面对英国领事咄咄逼人的气势，贺龙不卑不亢，据理力争，用智慧捍卫了国家尊严。而在体育健儿面前，他却是那样和蔼可亲，用幽默风趣的话语缓解了大家紧张的心情。这两种截然不同的态度，表现了贺龙高贵的品格，以及他对祖国的无限忠诚。

多为国家考虑

新中国成立后，贺龙家乡人民的建设热情非常高。为了改变家乡一穷二白、贫困落后的旧面貌，他们决定在家乡的一条河上修建一座水库。贺龙家的祖坟恰好在这一水域里。如果将大坝建在河下游，蓄水量比较大，经济效益好，但贺家的祖坟就要被淹掉；如果将大坝建在河上游，贺龙家的祖坟虽然不会被淹没，但蓄水量大大减少，经济效益也就差了。

中国人讲究忠孝，一向看重祖坟。乡亲们又考虑到贺龙家的特殊性，因为他们一家参加革命，贺龙家人的祖坟曾被挖。再说贺龙一家出生入死，保留他们的祖坟也是对其先人的一种尊重，于是就决定将水库大坝建在河的上游。

后来，贺龙知道了这件事，他连声说："这不行，我们搞社会主义，要少打个人算盘，多为国家考虑。搞水利建设是大事，淹坟是小事，小事应该服从大事。多少先烈牺牲在战场上，连尸骨都找不到，想起他们，我们心里就难过，我们有什么理由考虑个人的利益呢？"

之后，他对侄子贺兴桐说："你赶快写信告诉乡亲们，请他们把大坝建在下游，祖坟迁走就是了；如果迁走有困难，淹掉也不要紧。"

1.乡亲们为什么决定将水库建在河的上游？

_____

_____

2.贺龙决定迁走祖坟的举动，表现了他怎样的精神？

_____

_____

小记者多多的采访笔记

　　这个故事告诉我们做事一定要顾全大局，不要只想着自己的一点私利。顾全大局，就是以集体利益为重，凡事从大局出发。在事关大局和自身利益的问题上，要能够以宽广的胸怀审时度势，以长远的眼光权衡利弊得失，自觉做到局部服从整体，自我服从全局，眼前服从长远，立足本职，甘于奉献。

聂荣臻

名人简介

聂荣臻（1899—1992），字福骈，四川江津（现重庆市江津区）人。中国无产阶级革命家、政治家、军事家，中国人民解放军的创建人和领导人之一。1955年被授予中华人民共和国元帅军衔和一级八一勋章、一级独立自由勋章、一级解放勋章。1956年起，先后任国务院副总理兼国防科委、国家科委主任，中共中央军委副主席。1988年被授予中国人民解放军一级红星功勋荣誉章。1992年5月14日病逝于北京。

课文再现

《聂将军与日本小姑娘》（苏教版六年级下册）讲述了聂将军救助两个日本小姑娘的故事：聂荣臻在抗战时期收留了两个失去亲人的日本小姑娘，他悉心照料她们，并把她们送到日军指挥部，让她们能够回国。小姑娘长大后，专程来中国感谢聂荣臻。

小记者多多有话说

嗨！同学们，小记者多多又和大家见面了。通过这篇课文的学习，你一定和我一样对聂荣臻元帅更加敬佩了。你们是不是也很想多了解一下他呢？那就到我的资料库来看看吧。

名字的由来

  1899年12月29日，聂荣臻出生在四川江津（今属重庆）吴摊场附近的石院子里，一家人为给他取名费了番周折。聂荣臻的外祖父对女婿聂仕先说："凭空想，一时想不出，你们都是识字的，翻书吧，从书上选一个有福气的名字。"聂仕先夫妻俩都读过几年私塾，当晚，聂仕先就找了家里的书，靠在妻子唐氏身边，寻找起儿子的"名字"来。左斟酌，右推敲，夫妇俩把书都翻完了，也没有找出个理想的名字来。

聂荣臻的父母为给他取名字真是煞费苦心啊。

  "明天你到我父亲家去借书，顺便征求他老人家的意见。"唐氏对丈夫说。第二天，聂仕先来到岳父家里，把来意告诉岳父后，便在书案的抽屉里翻书。一会儿，他取出一本《随身宝》坐在椅子上翻阅起来，翻到最后一页，聂仕先脸上露出了笑容，起身走到岳父身边，指着书上的文字，把自己的意思向岳父讲明，岳父沉吟了一会儿微笑着点头表示赞同。

  聂仕先匆匆回到家里，径直走到唐氏房里，指着书的最后一句说："'百福骈臻得双全'，这句话吉利。按家谱排列我儿是'荣'字辈，就给他取名'荣臻'，字'福骈'，你看要得不？"唐氏高兴地点头同意，想了一下，接着说："我看娃儿的小名也照这书上取吧，就叫他'双全'。"聂仕先也点头答应，夫妇俩都高兴地笑了。后来，聂帅用"荣臻"这个名字用了一生，没有改过。

1.为聂元帅起名字的过程中，翻到哪本书的最后一页时，聂仕先脸上露出了笑容？

_____

_____

2.聂仕先起的名字得到老岳父的同意了吗？

_____

_____

小记者多多的采访笔记

　　每个人的名字都蕴涵着父母和长辈的无限关爱与期望，小聂荣臻刚出生时，他的父母为了给儿子起个好名字，左斟酌，右推敲，把书都翻完了，最后还是在聂帅的外祖父的支持和帮助下，才找到书中的一句："百福骈臻得双全"，再加上按家谱排列孩子是"荣"字辈，于是才得到伴随聂帅一生的名字。我想，每个人的名字都是父母或其他长辈为我们绞尽脑汁起的。我们应该感谢这份浓厚的亲情，并用自己的努力学习来回报他们的这份爱，不辜负他们对我们的期望，你们说对吗？

聂荣臻的辗转求学路

聂荣臻到了上学的年龄时，社会正处在辛亥革命酝酿的时期。小学毕业后，聂荣臻考入江津县立中学。在这里，他一面读书，学习科学文化知识；一面从当时国内外发生的许多重大事件中，不断思考，寻求出路。

1919年，北京爆发了"五四"运动。聂荣臻和同学们在"五四"运动的影响下，一起撒传单，贴标语，派代表去动员一些商店老板不要贩卖日货，但是一些大商号根本不理学生的要求，照例卖日货。于是，他们对江津县城几家销售日货的大商店进行搜查，将查出的大批日货搬到"文昌宫"封

聂荣臻这时开始接触新事物，为他以后去海外求学奠定了基础。

存，同学们轮流看守，准备焚烧。当时学生们年少气盛，不考虑后果如何，也未能想到，这些东西本来是中国人自己花钱买的，一旦烧掉，受损的是中国人自己，而对日本人则无损于皮毛。相反，烧了日货，侵犯了商人的利益，反倒造成商人对学生的不满甚至仇视。但最终，学生们还是把这批日货烧毁了。这样一来，引起商人的极度不满，他们勾结反动军警，在校方配合下，准备对学生们下毒手。好在暑假将至，聂荣臻和其他几个学生代表离开了学校，他们意识到，待下去肯定要受迫害。这件事成为他去法国勤工俭学的重要原因之一。

在四川，连年军阀混战，搞得哀鸿遍野，民不聊生。聂荣臻中学时期，军阀之间兵连祸结的事情使他很苦恼，因此他非常痛恨军阀，尤其是对外来军阀，总希望把他们赶出四川去。那时，年轻的聂荣臻看不清军阀混战的本质，找不出解决的办法，感到对这些现象实在无能为力。他当时把希望寄托在出国学本事，回来办好工业，使国富民强上，他相信"工业救国论"，虽然在中学时期也知道了俄国十月社会主义革命，看到《新青年》上一些介绍社会主义的文章，各有各的主张，众说纷纭，聂荣臻的年轻心灵对这些理论

感到新奇，但究竟是怎么回事也还是弄不大清楚。不过，他相信，中国社会要变，只有变才有出路。

　　1919年暑假期间，聂荣臻怀着工业救国的信念，决心去法国勤工俭学。聂荣臻反复向家人说明留在家里没有出路。因为烧日货，可能还有被捕的危险。父母爱子心切，希望儿子能有点出息，最后还是同意让他去法国。在几个亲戚的帮助下，家里筹措了300块银元，聂荣臻终于实现了出国的愿望。

1.在"五四"运动的影响下，聂荣臻和同学们开展了哪些活动？

_____

_____

2.聂荣臻为什么坚持要去法国留学？

_____

_____

小记者多多的采访笔记

　　时代造就伟人，伟人影响时代。少年聂荣臻目睹三军浊时局，怀抱齐天宏愿，辗转求学，探寻真理，欲担负拯救积贫积弱民族之使命。聂荣臻曾说过，我辈要以报国为根本，为中华民族的崛起而建功立业。每遇国家民族大事，聂荣臻总是慷慨陈词，忧国忧民思想溢于言表，常书于文卷之上，教师曾誉其"资赋不凡，终非池中之物"。终于，他凭借自己的努力，走上了成功之路。

科学家

达尔文

名人简介

　　查尔斯·罗伯特·达尔文（1809—1882），英国博物学家，进化论的奠基人。曾乘"贝格尔"号舰作了历时5年的环球航行，对动植物和地质等方面进行了大量的观察和采集。出版了《物种起源》这一划时代的著作，提出生物进化论学说，从而摧毁了各种唯心的特创论、目的论和物种不变论。

课文再现

　　《有趣的发现》（苏教版二年级上册）讲述的是达尔文在一个小岛上考察的故事：达尔文在一个小岛上经过考察发现，只有翅膀特别大或者没有翅膀的昆虫存活了下来，他很好奇。后来发现是因为翅膀小的昆虫抵挡不住大风，所以都被吹到海里淹死了。经过长久的演变，小岛上的昆虫都进化成了大翅膀或者没有翅膀的。

小记者多多有话说 <<<<

　　嗨！同学们，小记者多多又和你见面了，学了这篇课文，你想更多地了解达尔文吗？他是不是还有很多值得我们学习的地方呢？他的童年是不是和我们一样丰富多彩？快跟我一起去了解一下吧！

课外 链接

母亲的引导

达尔文的妈妈担负着照顾家庭、教育儿女的责任，她对童年的达尔文进行了一些力所能及的启蒙教育，教他认字、唱儿歌，给他讲故事。

一天，天气晴朗，妈妈领着达尔文和妹妹在楼前的小花园里玩耍，两个孩子采了一些花朵，又去捕捉蝴蝶。妈妈拿起花铲想给刚栽的树苗培土，她铲起一撮乌黑的泥土，用鼻子闻了闻，然后把它培在小树的树根旁边。

"妈妈，我也要闻闻。"达尔文开心地跑过来，学着妈妈的样子闻了闻乌黑的泥土。

妈妈心想：孩子，你尽情地闻吧，这是大自然的气味。别看这泥土乌黑，它却是万物生长的基础。

妈妈正想着怎样通俗地对孩子进行教育，达尔文却提出了问题："妈妈，您为什么要给树苗培土？"

"我要树苗像你一样茁壮成长。"妈妈说，"别小看这泥土，是它为青草的生长提供了养分，青草育肥了成群的牛羊，我们才有了肉、奶；这泥土使花朵开放，蜜蜂才成群地飞来；这泥土滋养着玉米、高粱和小麦，我们才有了粮食和面包。"

"妈妈，那泥土里为什么长不出小猫和小狗来呢？"

妈妈是个很有耐心的人，她了解儿童的好奇心。她从来都不指责孩子提出稀奇古怪的问题，而是耐心地给孩子解答。她笑着对达尔文说："小猫和小狗是猫妈妈和狗妈妈生的，它们是不能从泥土里长出来的。"

"我和妹妹是您生的，您是姥姥生的，对吗？"

"对啊，所有人都是他们的妈妈生的!"

> 达尔文敏锐的思维能力离不开母亲精心的呵护与培育。

"那最早的妈妈是谁呢，她又是谁生的?"

"听说最早的妈妈是夏娃，是上帝造的。"

"那上帝是谁造的呢?"

"孩子，世界上有很多事情，对于我，对于你爸爸，对于所有的人来说，都是一个谜。我希望你长大了自己去寻找答案。"

达尔文在研究海洋生物

小记者多多考考你

1.母亲是怎样对待达尔文提出的一系列问题的?

_____

_____

2.母亲是如何一步一步引导小达尔文的?

_____

_____

小记者多多的采访笔记

　　也许从那时起，在妈妈的悉心指导下，生命从何而来的问题就印在了小达尔文心中，直到他最终找到这个问题的答案。童年在无忧无虑中过去了，妈妈的耐心引导使达尔文萌生了对生物的兴趣，尤其是生命从何而来更成了小达尔文心中最神圣的问题。也正是得益于母亲耐心的教导，他才形成了良好的观察能力、敏锐的思维能力，为他日后的成功打下了坚实的基础。

　　类似于文中这样的启发，相信在这对母子中间一定还会有很多次。这样的对话，所有的父母也都一定遇到过，只不过，有很多时候，他们在不经意间，就可能轻易地把一个聪慧的孩子的某方面的热情给扼杀了。

对大自然的热爱

1809年2月12日，达尔文出生在英国的施鲁斯伯里。祖父和父亲都是当地的名医，家里希望他将来继承祖业，于是16岁时他便被父亲送到爱丁堡大学学医。

达尔文从小就热爱大自然，尤其喜欢打猎、采集矿物和动植物标本。进到医学院后，他仍然经常到野外采集动植物标本。父亲认为他"游手好闲"、"不务正业"，一怒之下，1828年又送他到剑桥大学，改学神学，希望他将来成为一名"尊贵的牧师"。达尔文对神学院的神创论等十分反感，他仍然把大部分时间用来听自然科学讲座、自学大量的自然科学书籍，他热心于收集甲虫等动植物标本，对神秘的大自然充满了浓厚的兴趣。

> 达尔文始终坚持自己的理想。

1828年的一天，在伦敦郊外的一片树林里，达尔文围着一棵老树转悠。突然，他发现在将要脱落的树皮下，有虫子在里边蠕动，便急忙剥开树皮，发现两只奇特的甲虫，正急速地向前爬去。达尔文马上左右开弓抓在手里，兴奋地观看起来。正在这时，树皮里又爬出一只甲虫，他措手不及，迅即把手里的甲虫放到嘴里，伸手又把第三只甲虫抓到。看着这些奇怪的甲虫，达

达尔文在航海途中

尔文真有点爱不释手，只顾得意地欣赏手中的甲虫，早把嘴里的那只给忘记了。嘴里的那只甲虫憋得受不了啦，便放出一股辛辣的毒汁，把他的舌头蜇得又麻又痛。他这才想起口中的甲虫，张口把它吐到手里。然后，不顾口中的疼痛，兴奋地向市内的剑桥大学走去。后来，人们为了纪念

他首先发现了这种甲虫，就把它命名为"达尔文"。

1.达尔文为什么没有像父亲希望的那样成为一名"尊贵的牧师"？

_____

_____

2.达尔文被甲虫蜇了，依然很兴奋，体现出他对大自然怎样的感情？

_____

_____

小记者多多的采访笔记

　　达尔文是一个非常爱大自然并非常了解大自然的人，对昆虫、植物情有独钟，尤其是他写的《物种起源》让人们更进一步地认识了大自然。达尔文对大自然的痴迷，就像一个刚出生的婴儿第一次看到这个陌生的世界，对所有的东西都充满好奇并极力地想去认识它。他每天都面对着大自然里的这些生物却丝毫不感到厌烦。

　　正是这种积极探索的精神才让他成为了一名博物学家。达尔文对知识的渴望和仔细观察的精神值得我们学习。

爱迪生

名人简介

　　托马斯·阿尔瓦·爱迪生（1847—1931），美国发明家、企业家，有着"世界最伟大的发明家"之誉。曾任美国海军顾问他除了在留声机、电灯、电话、电报、电影等方面的发明和贡献以外，在矿业、建筑业、化工等领域也有不少著名的创造和真知灼见。爱迪生一生共有一千多项创造发明，为人类的文明和进步作出了巨大的贡献。

课文再现

　　《晚上的"太阳"》（苏教版二年级下册）讲述了爱迪生开动脑筋救了妈妈的故事：一天晚上，爱迪生的妈妈得了急性阑尾炎，要立即手术，可是没有电灯，手术进行不下去。爱迪生用好几盏煤油灯和镜子"制"成了一个光明的"无影灯"，手术才得以顺利进行。后来，他从中得到启示发明了电灯。

小记者多多有话说

　　嗨，大家好，我是校报的小记者多多，读了这篇课文，我们知道，"发明大王"爱迪生那么小就已经在搞发明了，真是由衷地钦佩他。他还有哪些值得我们学习的地方呢？同学们跟我一起去搜索一下相关的资料吧！

循循善诱的母亲

爱迪生从小就热爱科学，凡事都爱寻根问底，都要动手试一试。有一次，他看到母鸡在孵蛋，就好奇地问妈妈："母鸡为什么卧在蛋上不动呢？是不是生病了？"妈妈告诉他："母鸡是在孵小鸡，过一些日子，蛋壳里就会钻出鸡宝宝来。"

> 爱迪生从小对任何事都非常好奇。

听了妈妈的话，爱迪生感到新奇极了，他想，母鸡卧在鸡蛋上就能孵出小鸡来，鸡蛋是怎样变成小鸡的呢？人卧在上边行不行？他决定试一试。爱迪生从家里拿来几个鸡蛋，在邻居家找了个僻静的地方，他先搭好一个窝，在下边铺上柔软的茅草，再把鸡蛋摆好，然后就蹲坐在上边，他要亲眼看一看鸡蛋里是怎样钻出小鸡的。

天快黑下来了，还不见爱迪生回家，家里的人都非常着急，于是到处去找他。找来找去，最后在邻居的后院找到了他。只见他坐在一个草窝上一动也不动，身上、头上沾着不少草叶。家里人见了，又生气又好笑，问他：

"你在这儿干什么呢？"

"我在这儿孵蛋啊！小鸡快要孵出来了。"

"孵什么蛋，快点出来！"爸爸大声喝道。

"母鸡能孵蛋，我也能。我要看看小鸡是怎样从鸡蛋里钻出来的。"

"不行，不行！快回家！"爸爸又呵斥道。

儿童画：爱迪生孵蛋

妈妈却没有责怪和取笑他，因为她知道这孩子的性格，她微笑着对他说："人的体温没有鸡的体温高，你这样孵是孵不出来的。"

爱迪生虽然没有孵出小鸡来，但是却通过这次"孵蛋"增长了不少知识。

1.妈妈是怎样对待"爱迪生孵小鸡"的？

2.文中哪句话体现了妈妈对爱迪生耐心的教导？

小记者多多的采访笔记

　　妈妈的爱是力量源泉，妈妈的爱是无价之宝。爱迪生得到了妈妈无尽的爱，在他的内心深处，无论什么时候，无论什么场合，他都能感到妈妈的宽容、温情和鼓励。

　　幼年时的爱迪生曾被老师视为"低能儿"，仅仅上了三个月的小学，就被老师责令退学，从此再没跨进过学校大门。他的学问全是靠妈妈的教导和自修得来的。他的成功，应该归功于妈妈对他的培养与耐心的教导，才使原来被人认为是低能儿的爱迪生，长大后成为了举世闻名的"发明大王"。

要学会节省时间

在实验室里的爱迪生

爱迪生从小就对很多事物感到好奇，而且喜欢亲自去实验一下，直到明白了其中的道理为止。长大以后，他就根据自己这方面的兴趣，一心一意地做研究和发明工作。他在新泽西州建立了一个实验室，一生共发明了电灯、电报机、留声机、电影机、磁力析矿机、压碎机等等总计一千余种东西。爱迪生强烈的研究精神，使他对改进人类的生活方式，作出了重大的贡献。

"浪费，最大的浪费莫过于浪费时间了。"爱迪生常对助手说，"人生太短暂了，要多想办法，用极少的时间办更多的事情。"

一天，爱迪生在实验室里工作，他递给助手一个没上灯口的空玻璃灯泡，说："你量量灯泡的容量。"说完便又低头工作了。

过了好半天，爱迪生问："容量多少？"他没听见回答，转头看见助手拿着软尺在测量灯泡的周长、斜度，并拿了测得的数字伏在桌上计算。他说："时间，时间，怎么费那么多的时间呢？"他走过来，拿起那个空灯泡，向里面斟满了水，交给助手，说："把里面的水倒在量杯里，马上告诉我它的容量。"助手立刻读出了数字。

> 做事情是要讲究方式方法的。

爱迪生说："这是多么容易的测量方法啊，它又准确，又节省时间，你怎么想不到呢？还去算，那岂不是白白浪费时间？"助手的脸红了。爱迪生喃喃地说："人生太短暂了，太短暂了，要节省时间，多做事情啊!"

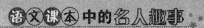

1.为什么爱迪生短短的一生会有那么多伟大的发明?

_____

_____

2.爱迪生测量灯泡容量的方法和他的助手有什么不同?

_____

_____

小记者**多多**的采访笔记

　　自古以来,但凡取得成就的人,他们没有一个是不珍惜时间的。伟大的文学家鲁迅先生有句名言:"哪里有天才,我是把别人喝咖啡的工夫都用在工作上的。"他之所以给我们留下了六百多万字的精神财富,正是因为他把别人喝咖啡的时间都用在了写作上。

　　大发明家爱迪生,平均三天就有一项发明,正是由于他抓住了分分秒秒的时间进行仔细的研究。正如爱迪生所说:"人生太短暂了,要节省时间多做事情啊!"人的生命只有一次,生命是短暂的! 正所谓:一寸光阴一寸金,寸金难买寸光阴。我们也要像爱迪生那样珍惜时间,有计划地支配自己的时间,不浪费宝贵的时间。

诺贝尔

名人简介

　　阿尔弗雷德·贝恩哈德·诺贝尔（1833—1896），瑞典人，世界著名的化学家、工程师，诺贝尔奖的创始人。诺贝尔一生在机械和化学方面有过许多发明，而他最突出的发明则是炸药。1896年，诺贝尔在意大利逝世。根据他的遗嘱，以其大部分遗产作为设立诺贝尔奖的基金，每年产生的基金利息用以奖励当年在物理学、化学、生理学或医学、文学、和平五个领域成就最突出的人。1968年，又增设了第六项——诺贝尔经济学奖。

课文再现

　　《诺贝尔》讲述了诺贝尔不怕危险研制炸药的故事：诺贝尔为了研制炸药，经历种种磨难而不放弃，最终制造出了能安全运输的炸药和第一根雷管。他还在临死前立下遗嘱，将自己的所有资产用来设立诺贝尔奖。

小记者多多有话说

　　嗨！我是校报的小记者多多，读了这篇课文，我们知道了伟大的诺贝尔不计名利，历经磨难为科学事业做出那么大的贡献，他太了不起了！他还有很多故事呢，相信你读了后会明白自己应该怎样对待学习和生活。下面就请跟我一起去了解他吧！

课外链接

拒绝写自传

实验室里雾气腾腾，诺贝尔正在忘我地工作，他的哥哥来找他，说："诺贝尔，我正在整理我们家族的家谱，你已经是闻名世界的人物了，没有你的自传怎么行呢？你写份自传吧。"

"哥哥，不用了。"

"那怎么行？"诺贝尔的哥哥劝说道，"弟弟，你写自传并不是为你自己，而是为我们家族呀！你写吧。我们家族的家谱里有你的自传，会更加光彩的！"

诺贝尔还是不同意，他哥哥就反复劝说，最后，他甚至是哀求了："弟弟，你是怕耽误你的时间吗？如果那样，你只说，我来记录、整理。"

"我恕难从命。"诺贝尔态度谦逊，但语气坚定地说，"我不能写自传，在宇宙旋涡中，有像恒河沙粒那么多的星球，而无足轻重的我，有什么值得写的呢？"

诺贝尔的哥哥只好叹息着走了。诺贝尔又埋头做起实验来。

诺贝尔并不爱财，但他也不愿意把财产分配给亲友们。他认为：大宗财产是阻滞人类才能的祸害，凡拥有财富的人，只应给子女留下必须的教育费用，如果留下过多的钱财，那是奖励懒惰，使他们不能发展自己的才干。

因此，他不顾亲友们的反对，决定用自己的全部财产设立诺贝尔奖，奖励当代的世界精英们。

1.为什么哥哥劝说诺贝尔写自传是为了他们家族的荣誉？

2.诺贝尔为什么认为只应该给子女留下教育费用？

小记者多多的采访笔记

　　诺贝尔之所以不想写自传是因为他认为自己做的一切只是为人类该做的一点点事而已，不能拿这一点点贡献去换取荣誉。

　　诺贝尔一生艰苦奋斗，他觉得自己很渺小，他对自己的科研成果还不够多。正因为具有"羞愧不如"的虔诚和虚怀若谷的崇高境界，他才成为了举世闻名的化学家、工程师！诺贝尔这位世界公认的科学巨匠，他除了把一生积蓄留作诺贝尔奖基金外，还为后人留下了巨大的精神财富。

小·时候的理想

　　诺贝尔一家是土生土长的瑞典人。他的父亲就是个发明狂，一生中有过不少发明。诺贝尔从小受父亲的熏陶，对科学有着浓厚的兴趣。

　　诺贝尔9岁那年，父亲从俄国来信说，他已在圣彼得堡开设了一家制造军用机械的工厂，俄国政府对他很重视。父亲叫全家搬到他那里去定居。1843年12月22日，也就是诺贝尔10岁生日那天，全家人离开瑞典，乘坐轮船渡过波罗的海向圣彼得堡出发。

　　父亲在码头上迎接了他们。在去新家的路上，诺贝尔坐在马车上左顾右盼，望着高耸的寺塔及洋葱头状的屋顶，他对异国大城市中的每一件事物都感到惊奇。到达新居安顿下来后，父亲对三个孩子说："今后你们兄弟三个要彼此勉励，努力学习，才能做出伟大的事业来。"父亲问老大罗伯特：

"你长大了打算做什么？"罗伯特说："我一定要成为伟大的技师！"父亲又问老二路德依希："你呢？"路德依希说："我们家向来很穷，所以我要做一个大企业家，赚很多很多的钱。"诺贝尔不等父亲问他，就抢着说："我将来要当发明家！"母亲严肃地说："好啦，将来想做什么都可以，目前最重要的是用功读书。"

诺贝尔没有辜负父母的期望，他读书很用功，很快学会了俄语，接着又学会了英语、德语。他的学习兴趣广泛，不仅阅读有关机械、物理、化学方面的书籍，还喜欢文学。丰富的知识积累为他以后成为大发明家打下了基础。

1.小诺贝尔是怎样回答父亲的提问的？

_____

2.明确了自己的理想后，诺贝尔是如何做的？

_____

小记者多多的采访笔记

理想是人生的导航灯，失去了这盏灯，就会失去对生活的勇气，就会在生活的海洋中迷失方向。因此，人生应该拥有远大的理想并努力去实现自己的理想。为了理想，屈原"路曼曼其修远兮，吾将上下而求索"；为了理想，岳飞"莫等闲，白了少年头，空悲切"；为了理想，周恩来"为中华之崛起而读书"。

诺贝尔从小就树立了当发明家的理想，为了实现自己的理想，他用功读书，努力朝着自己的理想一步步迈进。这一切都告诉我们，只要怀着理想并勤奋努力地去学习、钻研，我们就能离自己的理想越来越近。

史蒂芬·霍金

名人简介

史蒂芬·威廉·霍金（1942—2009），国际著名的数学家、理论物理学家、黑洞理论和"大爆炸"理论的创立人。他出生于英国牛津，先后毕业于牛津大学和剑桥大学三一学院，并获剑桥大学哲学博士学位。因21岁时不幸患上了会使肌肉萎缩的卢伽雷氏症，演讲和问答只能通过语音合成器完成。但他克服了种种困难，于1965年进入剑桥大学冈维尔和凯厄斯学院任研究员并创立了宇宙之始是"无限密度的一点"的著名理论。1974年当选为英国皇家学会最年轻的会员。1975年任剑桥大学物理学院教授。1979年任卢卡斯讲座数学教授。1988年，创作完成著名的《时间简史》。2009年与世长辞。

课文再现

《轮椅上的霍金》（苏教版六年级上册）讲述了只能在轮椅上生活的霍金坚强不屈的故事：霍金读大学的时候因病瘫痪，并失去说话能力，最终他凭着自己的物理天才和常人难以想象的努力，被人们誉为"宇宙之王"。

小记者多多有话说 <<<<

大家好，我是校报的小记者多多，这篇课文中霍金虽然身体残疾，但他却克服困难取得那么伟大的成就，真了不起！他为什么会有这么坚定的意志呢？他的身上还发生过什么故事呢？同学们快来跟我一起去了解一下吧！

课外链接

我还有一颗感恩的心

　　"霍金先生，卢伽雷氏症已经将你永久固定在轮椅上，你不认为命运让你失去很多的出路吗？"在一次学术报告后，一名记者对这位科学大师提出这样的问题。大师的脸上充满微笑，用他还能活动的三根手指，艰难地叩击键盘，显示屏上出现了：我的大脑能够思考，我有始终追求的理想，有我爱和爱我的亲人和朋友，最重要的是我还有一颗感恩的心。

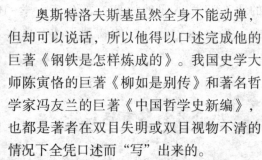

身患卢伽雷氏症的霍金并不认为命运对他是不公平的。

　　三根手指和一个能思考的大脑是霍金身上仅有能活动的部件。这个人生的斗士，这个智慧的英雄，除了靠他超人的意志之外还靠什么？靠的是爱，没有爱他的人的照顾，卢伽雷氏症是不会让他活到今天的，也许他在生病之初就与世长辞了。

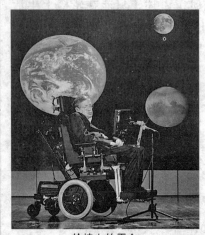

轮椅上的霍金

　　奥斯特洛夫斯基虽然全身不能动弹，但却可以说话，所以他得以口述完成他的巨著《钢铁是怎样炼成的》。我国史学大师陈寅恪的巨著《柳如是别传》和著名哲学家冯友兰的巨著《中国哲学史新编》，也都是著者在双目失明或双目视物不清的情况下全凭口述而"写"出来的。

　　可霍金只有三根能微弱活动的手指和一双不会说话的眼睛，没有计算机，他怎么去表达他的思想并将他的智慧发挥出来？没有发达的医学，他仅仅能活动的三根手指如何总能动弹？没有强大的力量支持，他的三根手指又如何能产生伟大的学问？成功的喜悦，胜利的光环，常常会令人忘乎所以，但是，我们永远不应该忘记那些帮助过自己的人。

所以，这个如今完全可以骄傲地面对人生的人，他在回答完那位记者的提问后，又艰难地打出了最后一句话："我还有一颗感恩的心！"

1.霍金是怎样回答记者提问的？
_____
_____

2.霍金能够活下来并取得巨大的成就靠的是什么？
_____
_____

小记者多多的采访笔记

霍金能够克服重重障碍，战胜病魔创造奇迹与辉煌，靠的是一颗感恩的心。

成功的喜悦，胜利的光环，常常会令人忘乎所以。但是，我们永远不应该忘记那些帮助过自己的人。怀着一颗感恩的心，去看待社会、看待父母、看待亲朋，你将会发现自己是多么快乐。放开你的胸怀，让霏霏细雨洗刷你心灵的尘埃。学会感恩，因为这会使世界更美好，使生活更充实。

与病魔抗争

从童年时代起，运动从来就不是霍金的长项，几乎所有的球类活动都与他无缘。

到牛津的第三年，霍金注意到自己变得更笨拙了，有一两回没有任何原因地跌倒。一次，他不知何故从楼梯上突然跌下来，当即昏迷，差一点死去。

直到1962年霍金在剑桥读研究生后，他的母亲才注意到儿子的异常状况。刚过完21岁生日的霍金在医院里住了两个星期，经过各种检查，他被确诊患上了"卢伽雷氏症"，即运动神经细胞萎缩症。

大夫对他说，他的身体会越来越不听使唤，只有心脏、肺和大脑还能运转，到最后，心和肺也会失效。霍金被"宣判"只剩两年的生命。那是在1963年。

被判了"死刑"的霍金仍然顽强地与病魔抗争着。

但是，永远坐进轮椅的霍金，仍极其顽强地工作和生活着。

1991年3月，霍金在一次坐轮椅回柏林公寓，过马路时被小汽车撞倒，左臂骨折，头被划破，缝了13针，但48小时后，他又回到办公室投入工作。

又有一次，他和友人去乡间别墅，上坡时拐弯过急，轮椅向后倾倒，这位物理大师被地球引力翻倒在灌木丛中。

虽然身体的疾病日益严重，霍金却力图像普通人一样生活，完成自己所能做的任何事情。他甚至是活泼好动的——这听来有点好笑，在他已经完全无法移动之后，他仍然坚持用惟一可以活动的三个手指驱动着轮椅在前往办公

黑洞假想图

室的路上"横冲直撞";在莫斯科的饭店中,他建议大家来跳舞,他在大厅里转动轮椅的身影真是一大奇景;当他与查尔斯王子会晤时,旋转自己的轮椅来炫耀,结果轧到了查尔斯王子的脚趾头。当然,霍金也尝到过"自由"行动的恶果,这位量子引力的大师级人物,多次在微弱的地球引力左右下,跌下轮椅,幸运的是,每一次他都顽强地重新"站"起来。

霍金的科普著作《时间简史——从大爆炸到黑洞》在全世界的销量已经高达2500万册,从1988年出版以来一直雄居畅销书榜,创下了畅销书的一个世界纪录。在这本书里,霍金力图以普通人能理解的方式来讲解黑洞、宇宙的起源和命运、黑洞和时间旅行等。他是一个奇迹。

1.霍金是怎么被查出患有"卢伽雷氏症"的?

_____

_____

2. 听到大夫对自己的宣判后霍金是怎样面对的?

_____

_____

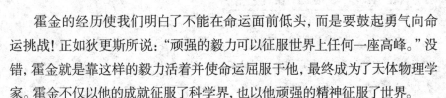

霍金的经历使我们明白了不能在命运面前低头,而是要鼓起勇气向命运挑战! 正如狄更斯所说:"顽强的毅力可以征服世界上任何一座高峰。"没错,霍金就是靠这样的毅力活着并使命运屈服于他,最终成为了天体物理学家。霍金不仅以他的成就征服了科学界,也以他顽强的精神征服了世界。

居里夫人

名人简介

　　玛丽·居里（1867—1934），法国物理学家、化学家。原籍波兰。1891年到巴黎大学学习。1893年，她以第一名的成绩毕业于巴黎大学，并先后取得物理学和数学学士学位。1895年，她与比埃尔·居里结成终身伴侣。1898年，居里夫妇一道先后发现了钋和镭。1903年，居里夫妇和亨利·贝克勒尔共获诺贝尔物理学奖。1911年，居里夫人又获诺贝尔化学奖。

课文再现

　　《跨越百年的美丽》（人教版六年级下册）讲述了居里夫人艰苦工作的故事：居里夫人孜孜不倦地工作，在艰苦的条件下发现了镭，为人类作出了非常重要的贡献。她的成就影响了许许多多的后人。

小记者多多有话说 <<<<

　　嗨，大家好！我是校报的小记者多多，读了这篇课文，我们知道了居里夫人的美丽是永恒的。她还有哪些值得我们学习的地方呢？她又得到了后人怎样的评价？我对她的生平事迹非常感兴趣，同学们也跟我一起去了解她吧。

课外 链接

贫苦而又奋发的学生

1867年，玛丽·斯可罗多夫斯卡生于波兰华沙的一个正直、爱国的教师家庭。她自小就勤奋好学，15岁时以获得金奖章的优异成绩从中学毕业。因为当时俄国沙皇统治下的华沙不允许女子入大学读书，加上家庭经济困难，玛丽只好只身来到华沙西北的一个乡村做了家庭教师。

居里夫人在做实验

3年的家庭教师生活中，她除了教育主人的几个孩子外，还挤出时间教当地农民子女读书，并坚持自学。她生活俭朴，节省下来的工资都用来帮助姐姐去巴黎求学。

1889年她回到了华沙，继续做家庭教师。有一次，她的一个朋友领她来到实业和农业博物馆的实验室，在这里她发现了一个新天地，实验室使她着了迷。以后只要有时间，她就来实验室，沉醉在各种物理和化学的实验中。她对实验的特殊爱好和基本的实验技巧，就是在这里培养起来的。

1892年，在父亲和姐姐的帮助下，她来到渴望已久的到巴黎大学理学院学习。来到这里，她决心学到真本领，因而非常勤奋用功。她每天乘坐1个小时马车早早地来到教室，选一个离讲台最近的座位，以便清楚地听到教授所讲授的全部知识。为了节省时间和集中精力，也为了省下乘马车的费用，入学4个月后，她从姐姐家搬出，迁入学校附近一间住房的顶阁。这阁楼里没有电，没有水，只在屋顶上开了一个小天窗，依靠它，屋里才有一点光亮。一个月仅有40卢布生活费的她，对这种居住条件已很满足。她一心扑在学习上，虽然清贫艰苦的生活日益削弱她的体质，然而丰富的知识使她的心灵日趋充实。1893年，她终于以第一名的成绩毕业于物理系。第二年又以第二名的成绩毕业于该校的数学系，并且获得了巴黎大学数学和物理的学士学位。

> 她的满足不是在物质待遇的优越，而是体现在心灵的日益充实上。

小记者多多考考你

1.居里夫人因为什么不能去上大学？

_____

_____

2.她是怎样上了大学的，学的什么专业？

_____

_____

小记者多多的采访笔记

　　小时候的居里夫人，那么贫苦，却没有丧失前进的动力，3年的家庭教师生活，她除了教育主人的几个孩子外，还挤出时间教当地农民的子女读书并坚持自学。当她来到巴黎大学读书时，她以第一名的成绩毕业于物理系。次年又以第二名的成绩毕业于该校的数学系，并获得了数学和物理的学士学位。

　　读完这个故事，我也感觉到原来真的是在精神上的富足，胜过物质上的满足。朋友领着居里夫人来到实验室，在这里居里夫人发现了一个新天地，实验室使她着了迷。以后只要有时间，她就沉醉在各种物理和化学实验中。因为她认识到精神上的富有，远远大于物质上的拥有，而且可以永远保留在自己的内心和头脑中。

实验室外的居里夫人

每个人的人生都是不同的。总会有些人，有些佼佼者会被世人誉为不平凡的人。居里夫人就是其中之一。

"吝啬"的富人

从1933年起，居里夫人的年薪增至4万法郎，但她照样"吝啬"。她每次从国外回来，总要带回一些宴会上的菜单，因为这些菜单都是很厚很好的纸片，在背面写写物理、数学算式，方便极了。她的一件毛料旅行衣，竟穿了一二十年之久。有人说居里夫人一直到去世"总像一个匆忙的贫穷妇人"。

有一次，一位美国记者追踪这位著名学者，走到村子里一座渔家房舍门前，他向赤足坐在门前石板上的一位妇女打听居里夫人。当这位妇女抬起头时，记者大吃一惊——原来她就是居里夫人！

不要专利

居里夫妇发现镭后，世界各地纷纷来信索求制镭的方法。怎样处理这件事呢？某个星期日的早晨，夫妇俩进行了5分钟的谈话。比埃尔·居里平静地说："我们必须在两种决定之中选择一个。一种是毫无保留地叙述我们的研究结果，包括提炼办法在内……"居里夫人做了一个赞成的手势说："嗯，当然应该如此。"比埃尔继续说："或者我们可以以镭的所有者和发明者自居。若是这样，那么，在你发表你用什么方法提炼铀沥青矿之前，我们须先取得这种技术的专利执照，并且确定我们在世界各地选镭业中应有的权利。"

"专利"代表着巨额的金钱、舒适的生活，代表着传给子女一大笔遗产……但是，居里夫人坚定地说："我们不能这样办，这违背科学精神。"

科学是用来服务人类大众的，并非用于谋求私利，从此可以看出居里夫人高尚的道德情操。

不求名利

居里夫人天下闻名，但她既不求名也不求利。时常有不相识的人问她："你是居里夫人吗？"她总是平静地回答："不是，你认错了。"她出名以后，几乎每天都要收到世界各地的慕名者要求签名的来信。为了摆脱这种干扰，她专门印了一种写着概不签名的卡片，每接到来信，她就给对方回寄一张……她一生获得各种奖金10次，各种奖章16枚，各种名誉头衔117个，却给人一种全不在意的印象。

居里夫人一家

有一天，她的一位女友来她家做客，看见她的小女儿正在玩弄英国皇家学会的奖章。于是她说："这是极高的荣誉，你怎么能给孩子玩呢？"居里夫人笑了笑说："我是想让孩子从小就知道，荣誉就像玩具，绝不能永远守着它，否则就将一事无成。"

修改证书

1921年，居里夫人应邀访问美国时，美国妇女组织主动捐赠给她1克镭（价值百万美元以上），这正是她急需的。她虽然是镭的发现者，但她买不起这样昂贵的金属。在赠送仪式之后，当她看到"赠送证明书"上写着"赠给居里夫人"字样时，她不高兴了。她声明说："这个证书还需要加以修改。美国人民赠给我的这1克镭应当永远属于科学，但是假如就这样写，这1克镭就成为私人财物，成为我的女儿们的产业，这是绝对不行的。"主办者当天晚上就请了一位律师，把证书做了修改，居里夫人这才在"赠送证明书"上签了字。

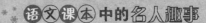

1.居里夫人被称为"吝啬"的富人，这主要表现在哪些方面？

_____

2."荣誉就像玩具，绝不能永远守着它，否则就将一事无成。"这句话
  是什么意思？

_____

_____

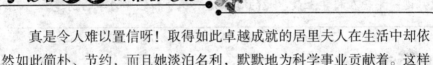

　　真是令人难以置信呀！取得如此卓越成就的居里夫人在生活中却依然如此简朴、节约，而且她淡泊名利，默默地为科学事业贡献着。这样高尚的道德情操，真令人敬佩。

　　同学们，名利都是身外之物，居里夫人给我们的启示是：要注重个人精神的富有，这才是人应该追求的东西。

牛 顿

名人简介

　　牛顿（1643—1727），英国物理学家、数学家与天文学家。建立了经典力学的基本体系。1661年进入英国剑桥大学三一学院，1665年获文学学士学位。随后两年在家乡躲避瘟疫。这两年里，他制定了一生大多数重要科学创造的蓝图。1667年回剑桥大学后当选为三一学院院委，次年获硕士学位。1669年任卢卡斯讲座教授直到1701年。1703年任英国皇家学会会长。1706年受女王安娜封爵。他晚年潜心于自然哲学与神学。1727年3月31日在伦敦病逝。牛顿在科学上最卓越的贡献是微积分和经典力学的创建。

课文再现

　　《苹果落地》（北师大版二年级上册）讲述了苹果掉在牛顿头上引发他科学思考的故事：牛顿坐在苹果树下，一个苹果掉了下来，落在了他的身上，这引发了他的思考。最终，他发现了万有引力定律。

小记者多多有话说 <<<<

　　嗨！我是校报的小记者多多，学习了这篇课文，我很疑惑，看到苹果落地，发现万有引力定律对科学家牛顿来说是偶然的吗？他还有哪些品质值得我们学习呢？让我们一起去看看吧！

牛顿探案

一个星期天的早晨，牛顿照例要去教堂做礼拜。在洗脸时，他忽然想起刚完成的论文中有一处需做修改，就立即回到书房，提笔在桌上写了起来，脸上的水珠掉下来也没顾得上擦。

修改完了，牛顿这才用毛巾把脸擦干，然后换了件衣服就上教堂去了。做完礼拜，他从教堂走了出来。和煦的阳光照在身上让人心情舒畅，于是牛顿便独自一人在街上漫步。

不料一回到家，牛顿就见书房里着了火，仆人正忙着扑火。幸好发现得早，扑救及时，火势很快得到控制。可惜的是，牛顿许多宝贵的文稿顷刻间变成了灰烬。

"这火是怎么起的？"牛顿问道。

"不知道，先生。"仆人回答说，"我见书房里在冒烟，才知道是起火了。会不会先生忘了把蜡烛吹灭？"

"不，吹灭了。我记得很清楚，我是把蜡烛吹灭了才去洗脸的。这时天色已经大亮，不用点蜡烛了。后来我又回书房一次，在文稿上稍作改动就出来了。"牛顿说明了早晨的情况。

"先生书桌上是不是放有实验用的镜片呢？如果是凸透镜，受到阳光的照射会形成焦点而起火的。"仆人在牛顿身旁伺候多年，头脑里也有了

牛顿正在做实验

一些科学知识。

牛顿觉得有点道理，就对被烧坏的桌面进行检查。桌面上并没有镜片，只有一块长二十厘米、宽十厘米的玻璃板，烧焦了的文稿和书籍混在一起。

"先生，这不是有一块玻璃板吗？"

"这只是一块普通的玻璃板，与起火没有关系。"牛顿一边想着，一边自言自语，"会不会有人出于妒忌投火进来……"

起火之前，仆人正在打扫院子。他非常清楚，除了自己，根本就没人来过。

这件事对于年近半百的牛顿来说，打击真是太大了。以致在后来很长一段时间里，他的心情一直很不好，有时甚至到了精神错乱的地步，而起火灾的原因依然不明。

两年后，又是一个星期天的早晨，牛顿照例又要去教堂。就在洗脸的时候，他猛然记起了那次着火之前洗脸的情景。

"哦，竟是这么一回事。"牛顿拍了拍自己的脑袋，叹道，"我也真笨，如此简单的起火原因，我怎么就没想到呢！"

原来，牛顿当时脸洗到一半，就急忙回到了书房。在修改文稿时，他脸上的水珠就落在玻璃板上。由于表面张力的关系，水珠成了半圆形，这就和凸透镜的作用相同了。阳光通过水珠而形成焦点，从而引起了火灾。

聪明的牛顿有着与众不同的推理能力！

起火的原因终于由牛顿自己给揭开了。

小记者多多考考你

1.大火被扑灭了，没有造成严重后果，可牛顿为什么非常伤心呢？

_____

_____

2.牛顿知道了起火的原因，是什么呢？

_____

_____

小记者**多多**的采访笔记

读了这个故事，你知道牛顿的厉害了吧？他可是一个聪明细心、推理能力很强的人呢！要不然，万有引力一直存在我们身边，为什么只有他发现了？看来，一切的成功都不是偶然的。还是那句话："机会只留给有准备的人。"

进入忘我的境界

在一条崎岖的山路上，一位白发苍苍的老人牵着一匹马在缓缓登山。人在前面慢慢地走，马在后面一步步地跟，山谷中响着单调的马蹄声。走啊，走啊，马突然脱缰而跑，老人由于沉浸在深深的思索之中，竟没有发觉。老人依然不畏艰难地登着山，手里还牵着那根马缰绳。当登到较平坦的地方想要骑马时，他一拉缰绳，拽到面前的只是一根绳，回头一看马早已没有了。这位老人就是牛顿。

思考中的牛顿

牛顿每天除抽出少量的时间锻炼身体外，大部分时间都是在书房里度过的。一次，在书房中，他一边思考着问题，一边在煮鸡蛋。他苦苦地思索，简直到了痴呆的地步。锅里的水沸腾了，他赶忙掀开锅来看，"啊！"他惊叫起来，锅里煮的居然是一块怀表。原来他考虑问题时竟随手把怀表当作鸡蛋放在锅里了。

还有一次，牛顿邀请一位朋友到他家吃午饭。他研究问题入了迷，把这件事忘掉了。他的佣人照例只准备了牛顿一个人吃的午饭。临近中午，客人应邀而来，看见牛顿正在埋头计算，桌上、床上摆着稿纸、书籍。他没有打搅牛顿，见桌上摆着饭菜，以为是给他准备的，便坐下吃了起来。吃完后就悄悄地走了。当牛顿把题计算完了，走到餐桌旁准备吃午饭时，看见盘子里吃过的鸡骨头，恍然大悟地说："我以为我没有吃饭呢，原来我已经吃了。"

> 至于鸡骨头到底是谁啃的，倒不是很重要了。

小记者多多考考你

1.牛顿的锅里怎么会煮着一块怀表？

_____

_____

2.牛顿吃过饭了吗？

_____

_____

小记者多多的采访笔记

　　这些故事究竟是真是假并不重要，但是我们从中看到了牛顿是一个怎样沉思默想、忘我工作的人，他对科学极度的专心，总是想着星辰的旋转、宇宙的变化而进入忘我的境界。

　　忘记了自己，把全部心思都放在自己的科学研究上，这就是"专心"做事的一种态度。"专心"做事是个宝，只要有它在，事情就能做成。为什么呢？专心，注重在一个专字上。做什么事情，只要一心一意，全身心地投入，像牛顿一样达到一种忘我的境界，总会成功的。

伽利略

名人简介

　　伽利略（1564—1642），意大利著名天文学家、物理学家是首先在科学实验的基础上融合了数学、天文学、物理学三门科学的科学巨人。伽利略出生于一个没落的贵族大家庭，17岁时被送入比萨大学学医。但他对医学不感兴趣，而是特别热衷于数学和物理学的研究。此后曾在比萨大学和帕多瓦大学任教，在此期间他在科学研究上取得了不少成绩。伽利略是科学革命的先驱，毕生把哥白尼、开普勒开创的新世界观加以证明和广泛宣传，并以自己在教会迫害下的牺牲唤起人们对日心说的公认，在人类思想解放和文明发展的过程中作出了划时代的贡献。1642年，双目失明的他因寒热病离世，时年78岁。

课文再现

　　《两个铁球同时着地》（人教版四年级下册）讲述的是：伽利略经过反复的实验，证明了无论质量大小，两个铁球从高处落下时，总是能同时着地，从而推翻了亚里士多德的观点。

小记者多多有话说 <<<<<

　　同学们好！我是校报的小记者多多，通过这篇课文的学习，我对伽利略更加敬佩了。他还有哪些值得我们学习的地方呢？快来和我一起搜集有关他的资料吧！

课外链接

摆动的秘密

有一次，伽利略信步来到他熟悉的比萨大教堂。他坐在一张长凳上，目光落在了雕刻精美的祭坛和拱形的廊柱上，蓦地，教堂大厅中央的巨灯晃动起来，是修理房屋的工人在那里安装吊灯。

这本来是件很平常的事，吊灯像钟摆一样晃动，在空中画出看不见的圆弧。可是，伽利略却像定住了一样，目不转睛地盯着摆动的吊灯，同时，他用右手按着左腕，计算着吊灯摆动一次脉搏跳动的次数，以此计算吊灯摆动的时间。

> 伽利略的目光总是十分敏锐而且与众不同。

由计算的结果，伽利略发现了一个秘密，这就是吊灯摆动一次的时间，不管圆弧大小，总是一样的。一开始，吊灯摆动得很厉害，渐渐地，它慢了下来，可是，每摆动一次，脉搏跳动的次数是一样的。

比萨大教堂外观

伽利略的脑子里翻腾开了，他想，书本上明明写着这样的结论，钟摆经过一个短弧要比经过长弧快些，这是古希腊哲学家亚里士多德的说法，谁也没有怀疑过。难道是自己的眼睛出了毛病，这究竟是怎么回事？

他快速地跑回大学宿舍，关起门来重复做这个实验。他找了不同长度的绳子、铁链，还有以前搞到的铁球、木球。在房顶上，在窗外的树枝上，着迷地一次又一次重复，用沙漏记下摆动的时间。最后，伽利略不得不大胆地得出这样的结论：亚里士多德的结论是错误的，决定摆动周期的，是绳子的长度，与它末端的物体重量没有关系。而且，相同长度的摆绳，振动的周期是一样的。这，就是伽利略发现的摆的运动规律。

小记者多多考考你

1.大厅中央的巨灯在什么情况下开始晃动起来？

_____

_____

2.他为什么快速地跑回大学宿舍？

_____

_____

小记者多多的采访笔记

伽利略因为善于观察而发现了摆动的秘密。无独有偶，哈姆威是卖甜脆薄饼的，他通过细心观察，发现自己的薄饼卷成圆锥形正好可以装旁边人卖的冰淇淋。正因为如此，他的生意越做越旺，而且这种薄饼盛冰淇淋被评为"世界博览会的真正明星"。另外一个研究细菌的科学家发现一个玻璃器皿盛的溶液中有一些霉点，他没有立即倒掉，而是拿到显微镜下去观察，发现霉点周围的病菌都死了，由此青霉素诞生了。

善于观察，往往获利的不仅仅是自己，可能是整个民族，也可能是整个世界。借你一双慧眼，善于观察吧！

千里眼

1609年6月，伽利略听到一个消息，说是荷兰的眼镜商人利帕希在一次偶然中，用一种镜片看见了远处肉眼看不见的东西。"这不正是我需要的"千里眼"吗？"伽利略非常高兴。不久，伽利略的一个学生从巴黎来信，进一步证实这个消息的准确性，信中说尽管不知道利帕希是怎样做的，但是这个眼镜商人肯定是制造了一个镜管，用它可以使物体放大许多倍。

"镜管！"伽利略把来信翻来覆去看了好几遍，急忙跑进他的实验室。他找来纸和鹅管笔，开始画出一张又一张透镜成像的示意图。伽利略由镜管这个提示受到启发，看来镜管能够放大物体的秘密在于选择怎样的透镜，特别是凸透镜和凹透镜如何搭配。他找来有关透镜的资料，不停地进行计算，忘记了暮色爬上窗户，也忘记了曙光是怎样射进房间里的。

> 做事果断是一个成功人士必备的条件。

整整一个通宵，伽利略终于明白，把凸透镜和凹透镜放在一个适当的距离，就像那个荷兰人看见的那样，遥远的肉眼看不见的物体经过放大也能看清了。

伽利略非常高兴。他顾不上休息，立即动手磨制镜片，这是一项很费时间又需要细心的活儿。他一连干了好几天，磨制出一对对凸透镜和凹透镜，然后又制作了一个精巧的可以滑动的双层金属管。现在，该试验一下他的发明了。

伽利略小心翼翼地把一片大一点的凸透镜安在金属管的一端，另一端安上一片小一点的凹透镜，然后把管子对着窗外。当他从凹透镜的一端望去时，奇迹出现了，那远处的教堂仿佛近在眼前，不仅可以清晰地看见钟楼上的十字架，甚至连一只在十字架上落脚的鸽子也看得非常清楚。

伽利略制成望远镜的消息马上传开了。

望远镜

"我制成望远镜的消息传到威尼斯，"在一封写给妹夫的信里，伽利略写道，"一星期之后，政府就命我把望远镜呈献给议长和议员们观看，他们感到非常惊奇。绅士和议员们，虽然年纪很大了，但都按次序登上威尼斯的最高钟楼，眺望远在港外的船只，看得都很清楚；如果没有我的望远镜，就是眺望两个小时，也看不见。这仪器的效用可使50英里以外的物体，看起来就像在5英里以内那样。"

伽利略发明的望远镜，经过不断改进，放大率提高到30倍以上，能把实物放大1000倍。现在，他犹如有了千里眼，可以窥探宇宙的秘密了。

小记者多多考考你

1.伽利略是在什么人的启发下，有了制作望远镜的激情的？

_____

_____

2.伽利略改进后的望远镜放大率提高到多少倍？能把实物放大到多少倍？

_____

_____

小记者多多的采访笔记

在得知眼镜商人可能是制造了一个镜管从而使物体放大许多倍，而最终能看到肉眼看不到的东西之后，伽利略就赶紧动手制作起自己的"千里眼"来。这告诉我们，在你有了什么打算以后，不要只停留在好奇上，一定要想办法去试试，说不定就会有什么伟大的发现呢！

绅士和议员们，都拿着伽利略的望远镜，按次序登上威尼斯的最高钟楼，眺望远在港外的船只，一切都看得很清楚。此时，如果伽利略不再改进，他的成绩也足以让人自豪了，可是他却不满足，不断改进，最终为天文学研究作出了卓越贡献。

瓦 特

名人简介

詹姆斯·瓦特（1736—1819），英国著名的发明家，工业革命时期的重要人物。他对当时已出现的原始蒸汽机作了一系列的重大改进和发明，发明了单缸单动式和单缸双动式蒸汽机，提高了蒸汽机的热效率和运行可靠性，对当时社会生产力的发展作出了杰出贡献。他改良了蒸汽机、发明了气压表、汽动锤。1785年，他因改进蒸汽机而作出的重大贡献，被选为英国皇家学会会员。1819年逝世于靠近伯明翰的谢菲尔德。后人为了纪念他，将国际单位制中功率和辐射通量的计量单位称为瓦特，简称"瓦"常用符号"W"表示。

课文再现

《壶盖为什么会动》讲述了这样一个故事：瓦特小时候看到烧水的壶盖会动，后来据此发明了蒸汽机。这说明瓦特非常善于从生活细节中发现科学道理。

小记者多多有话说 <<<<<

嗨！同学们，我是校报的小记者多多，通过这篇课文的学习，我们更加敬佩大发明家瓦特了。他一定还有很多值得我们学习的地方吧？是不是想更多地了解他呢？那就到我的资料库看看吧。

坎坷的道路

瓦特刻苦好学，有时通宵达旦地读书。他15岁时，就读了一些工艺和物理方面的书籍，已经备有了一些自然科学知识。他喜欢天文学，常常一个人躺在草地上，观察天上的星星。他喜欢做模型：小起重机、小辘轳、小抽气筒以及船上用的各种物件，他几乎都做过，有的反复做过多次。父亲被他的好学精神感动了，把自己使用多年的一套木工工具送给了他，以示支持。瓦特利用这些工具，运用所学知识，试做了一件发电机器。这种机器转动时，能放射出灿烂耀眼的火花，还能产生电流，人一接触到电流时，就会有强烈的刺激感。邻居的孩子看了感到既新奇又神秘，都说瓦特了不起；年长的人也赞扬瓦特，说他有出息。

> 得到别人夸奖的瓦特更是有信心了。

瓦特的生活多有趣啊，可是天下常常有一些不以人的意志为转移的事。瓦特18岁那年，家庭生活更加困苦，几乎到了断炊的地步。于是，他不得不去外地谋生。离开家时，他衣衫褴褛，只背着一个衣箱，箱中除了一件旧背心、一双袜子和一件破围裙外，其余的全是工具了。

开始，瓦特到了格拉斯哥，在一家数学仪器店里学习制造仪器。这工作倒也可心，活儿很顺手，又能向长者学习一些技艺。可是老板很吝啬，对瓦特很刻薄。这种谋生，解决不了家庭的困难。

不久，瓦特随着一位老船长到了伦敦。原想到伦敦也许会好一些，没成想，反而遭了难。瓦特几乎天天徘徊在街头，寻找工作。也许人家看他面容过于憔悴吧，多日来，没有一个人收留他，雇用他。伦敦是一个繁华的闹市，有上百万人口，然而却容纳不下一个这样有才华的年轻人。在不得已的

瓦特与蒸汽漫画

情况下，瓦特以不计报酬的特殊条件，在一家钟表店里落了脚。伦敦的寒酸生活，摧残了瓦特那经不起折腾的身体，使他失去了青春的活力，但也磨炼了他的毅力。过了一段时间，瓦特便离开了这家敲骨吸髓的钟表店，返回了格拉斯哥城。

到了格拉斯哥，瓦特打算独立开设一家制造数学仪器的小商店。在筹划时，因遭到了同行业主的刁难和阻拦而没有实现。说来也巧，正在为难之时，他得到了本城一位大学教授的帮助。教授给他在格拉斯哥大学里借了一间房子，名义上是专门为大学制造数学仪器，可实际上是修理理科仪器。在这所大学里，他结识了一些教授、学者，阅读了一些科学书籍，从而打开了科学知识宝库的大门，使他如饥似渴的求知欲得到了满足。在这里，他恢复了身体，恢复了青春。此时瓦特刚刚20岁。

坎坷的道路，使瓦特看到了人世间的辛酸和不平。但他没有气馁，反而增加了勇气，他要通过自己辛勤的劳动，用自己的双手，去迎接那新的希望和光明。

1.是什么原因让瓦特去了伦敦，然后又离开了那里？

_____

2.痛苦的生活给了瓦特什么？对他以后的成功有帮助吗？

_____

小记者多多的采访笔记

　　这么坎坷的道路，丝毫没有影响瓦特迎接新的希望和光明。史铁生曾说过："生命的磨难是一种必然降临的节日。"阳关大道固然平坦笔直，却少了崎岖小径的种种情趣与快乐。人生是一条曲折的长河，所有美好的风景都在它的急转弯处。无限风光在险峰，在经历危险的过程中，身处生与死的边缘，险则险矣，乐在其中。不断变换的环境中，迎面而来的一重又一重困难，始终令人感到新奇，时时激发人们运用力量和智慧迎战艰苦。若是一条平坦的大道，昂首阔步只是一种机械的动作，又有何意义、乐趣可言？

　　人如一块玉石，不经历雕琢是很难成为一件完美的艺术品的。不遭受磨难的人也很难成为一个坚强、勇敢的人！当你遇到苦难时不妨想一想，磨难也是一种财富，它会化为一种动力推动你前进！

倔强的性格

　　瓦特从小性格就很倔强。他和别的孩子一样也喜欢玩具，但是与众不同的是，到他手里的玩具一定要拆开，零件要卸下来看个究竟、弄个明白，然后再按照原来的模样安装上，组合好，恢复原状。一次邻居家孩子的小车坏了，那个孩子很着急，瓦特拿过来，鼓捣鼓捣就修好了。像这样的事可多了，瓦特不知给孩子们修好了多少玩具呢！

　　瓦特的父亲是一个穷苦的木匠，整日老黄牛般地劳动着。母亲负担家务，整个家庭充满着痛苦和忧愁，由于他出生于这样贫寒的家庭，自然父母很难给他以结实健康的身体。瓦特童年时，身体非常虚弱，骨瘦如柴。贫病

蒸汽机

交加使他失去了入学校读书的机会。时间长了，孩子们也都不体谅他，见他不上学，游手好闲，常常半真半假地说他坏话，叫他"懒孩子"、"病包子"。瓦特听了很不高兴。

瓦特自尊心很强。他不甘心这样虚度年华，他渴望学习。在他强烈的要求下，父母只好答应，不管春夏秋冬，不管怎样辛苦劳累，都要抽空教他读书、写字，有时还帮他学些算术。就这样，童年的瓦特，在贫寒的家庭里，过着他那聊以自慰的学习生活。学的知识虽不多，他却记得很牢固，有时还能举一反三。在他六七岁时，发生过这样一件事：

有一天，一位客人来看望瓦特的父亲。闲聊时，客人看见瓦特正拿着一支粉笔在地板上、火炉上，画些圆圈和直线。客人便关切地对他父亲说："你为什么不送孩子进学校学些有用的功课呢？在家里乱画，岂不是白白浪费时光？"父亲马上哈哈笑起来，然后回答说："先生，你仔细看看，你看我的孩子在画什么？"客人很纳闷，好奇地走过去，细心地瞧了一阵子，便恍然大悟地说："啊，原来是这样。这孩子画的是圆形和方形的平面图哇！这不是浪费时间，是在演算一个几何学上的问题。决不是浪费时间。"说完后，赞许地拍拍瓦特的肩膀。

> 虽然没有老师的指导，但是瓦特想学，所以就能学好。

瓦特的倔强性格，表现在他对科学文化知识的孜孜追求上，不达目的决不释手。倔强的性格没有给他带来什么损失，反而成了他可贵的品质。

1.瓦特的家境是什么样的，给他的学习带来什么样的影响呢？

_____

_____

2.瓦特在地板上、火炉上，画的圆圈和直线是做什么用的？

_____

_____

小记者多多的采访笔记

  小瓦特不能到学校进行系统的学习，他的学习就面临很多的困难。他从父亲那学的知识虽然不算多，可他记得却很牢固，有时还能举一反三。这就是自我的独立，毕竟自己的路还得自己走，小瓦特只是比那些家庭富有的同学更早踏上了自己的人生路而已。

  同学们，未来的路还得靠自己走，美好的生活还得靠自己去争取。我相信大家的目标都很明确，都希望未来无限美好，那么你还等什么呢？让我们现在就起航，用自己的双手去创造属于自己的未来吧！

钱学森

名人简介

　　钱学森（1911—2009），浙江省杭州人。空气动力学家，世界著名火箭专家，中国工程控制论专家，系统工程专家，系统科学思想家。1934年毕业于上海交通大学，1935年赴美国麻省理工学院学习，翌年获硕士学位，后入加利福尼亚理工学院，1938年获航空、数学博士学位后留校任教并从事应用力学和火箭导弹研究。1947—1955年间任麻省理工学院和加利福尼亚理工学院教授。1955年回国后，历任航空委员会委员，国防部第五研究院副院长、院长，中国空间技术研究院院长，第七机械工业部副部长，国防科学技术委员会副主任，国防科学技术工业委员会副主任。钱学森对中国火箭导弹和航天事业的发展作出了重大贡献。

课文再现

　　《钱学森》（苏教版六年级上册）讲述的是：钱学森在美国学有所成之后，放弃了优厚的待遇毅然回到祖国，为祖国的科技事业作出了不可磨灭的贡献，他被称为"中国导弹之父"。

小记者多多有话说 <<<<

　　同学们好，我是校报的小记者多多，学了这篇课文，你一定和我一样，非常佩服这位不求名利而报效祖国的大科学家。还有哪些发生在他身上的故事可以给我们启示呢？同学们也跟我一起去进一步了解他吧！

课外链接

钱学森的童年

1911年12月11日夜晚，对于教育家钱均夫来说，是一个大喜的日子——一个新生命终于呱呱坠地了。

幼时的钱学森天资聪颖，悟性极高，记忆力特别强，3岁时已能背诵百首唐诗、宋词，以及早期一些启蒙读物如《增广贤文》与《幼学琼林》，同时还能心算加、减、乘、除，周围邻里一传十、十传百，都说钱家出了个"神童"。面对如此聪慧的儿子，钱均夫和妻子深感自己肩上担子之重，发誓一定要把儿子教育好。

由于父亲平时在外地供职，这家庭教育的职责自然落在母亲身上。母亲总是采取启发教育，动之以情，晓之以理，让儿子能彻底地明白道理。她给幼小的钱学森每日安排的功课是：清晨准时起床，加强身体锻炼，早饭后就教儿子背诵唐诗。累了，就让儿子看一下儿童读物。下午或者教儿子画画，或者写毛笔字，每日如此，从不间断。幼小的钱学森从小就树立了良好的读书习惯。

随着年龄的增长，钱学森对知识的渴求也越来越强烈。以前父亲给他买的那些浅显的儿童读物已经不能吸引他的注意力，他开始将目光转向父亲的大书橱，对父亲那些厚厚的大书产生了浓厚的兴趣，由于看不懂，他只好去向母亲请教。母亲对于儿子强烈的求知欲感到由衷的惊喜，于是挑选一部分她认为儿子看得懂的书给儿子看，并认真地给他讲书中的故事。

钱学森最爱听母亲给他讲岳飞和及杨家将的

年轻时的钱学森

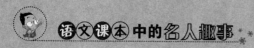

故事，还有古人悬梁刺股、凿壁、映雪发愤苦读的动人故事，孔融让梨、司马光砸缸等智慧故事都是他喜欢的。每当听到这些故事的时候，钱学森总是那么认真、投入，稚气的脸庞上充满了对古人的崇拜与向往。

在小学低年级时期，男孩子最喜欢玩用废纸折的飞镖。每次比试，总是钱学森扔得最远，投得最准。同学们不服气，捡起他折的飞镖仔细研究，原来他折叠的飞镖有棱有角，特别规正，所以投起来空气阻力很小；投扔时又会利用风向风力，难怪每回都数他投得最远最准呢！小小年纪的钱学森居然领悟了某些空气动力学的常识，这不仅让同学们佩服，而且使老师也惊叹不已。

> 善于研究的钱学森从小就表现出了异于常人的领悟能力。

20多年后，钱学森果然成了国际知名的力学和空气动力学家。

1.为什么邻里夸赞钱学森是个神童？

_____

_____

2.为什么钱学森折的飞镖扔得最远？

_____

_____

_____

小记者多多的采访笔记

孩子对外界事物的好奇是与生俱来的，这好奇的本性正是求知欲的最初体现。钱学森在父母的正确引导下，对知识的渴求越来越强烈，并逐步开始自己研究一些问题。

强烈的求知欲可以促使我们积极主动地进行学习，只要我们有了学习的欲望，就能提高学习的效率。

钱学森拜师

1936年秋，钱学森飞到了洛杉矶，径直来到了加州理工学院，因为加州理工学院是美国著名的理工科大学之一，有着最负盛名的力学和航空动力学研究中心，被称为"超音速飞行之父"的世界著名力学大师冯·卡门教授就在这里。慕

加州理工学院一角

名而来的钱学森站到了冯·卡门面前，谦恭地自我介绍："尊敬的先生，我是从麻省理工学院来的。我想由航空工程转学航空理论，也就是力学，请您告诉我，我的想法对吗？"

冯·卡门听完了年轻人的诉说，不觉露出了欣喜的目光。在他看来，一个从事技术工程的年轻学者不满足已有的专业知识，感悟到理论的重要性，这正是有远大志向的表现。为了了解他的专业功底，冯·卡门提出了一系列的问题，钱学森对答如流，反应之快捷，回答之准确，使大师赞叹不已。他用惊异的目光打量着这位头脑清晰、思维敏捷、才华横溢的中国学生，当即十分高兴地答应了钱学森希望攻读博士学位的要求，接纳了这个有抱负的年轻人。

从1936年10月起，钱学森在冯·卡门的指导和引导下进行了长达10年的学习与工作。在冯·卡门教授的指导下，1939年6月，钱学森完成了《高速气动力学问题的研究》等4篇博士论文，取得了航空和数学博士学位。

由于冯·卡门的推荐，钱学森被聘为加州理工学院航空系助理研究员，成了冯·卡门的直接助手。在1940年美国航空学会年会上，钱学森宣读了一篇薄壳体稳定性研究论文，引起了与会者的极大兴趣，这个难

度极大而又极具实用价值的开拓性研究成果得到了同行们的高度评价，钱学森赢得了很高的声誉，在航空工程技术理论领域，进入了国际知名学者的行列。

功夫不负有心人，钱学森终于在航空工程技术领域取得了出色的成绩。

小记者多多考考你

1.冯·卡门教授怎么看出来钱学森有着远大的理想的？

_____

_____

2.钱学森在冯·卡门教授的指导下取得了哪些成就？

_____

_____

小记者多多的采访笔记

　　航空工程研究领域的顶尖人物冯·卡门教授很欣赏钱学森的才华，他发现钱学森头脑清晰、思维敏捷、才华横溢，能够使一些很艰深的命题变得豁然开朗。更重要的是钱学森有远大的志向。冯·卡门欣喜地收了这个学生，并把他培养成了航空领域的知名学者。由于钱学森拥有扎实的知识基础，再加上老师的细心教导和培养，他终于取得巨大的成就。

　　我们现在需要做的就是踏踏实实学好课本上的知识，只有掌握了扎实的基础，才会获得成功。

李四光

名人简介

李四光（1889-1971)，蒙古族，字仲拱，原名李仲揆，湖北黄冈人，地质学家。1913年考入英国伯明翰大学预科，初学采矿，后改学地质。1920年回国，在北京大学地质系任教。毕生从事古生物学、冰川学及地质力学的研究与教学。新中国成立后曾任中华人民共和国地质部部长，中国科学院副院长等职。1958年加入中国共产党，后当选为中共第九届中央委员。首创地质力学，为大庆等地石油开发作出重大贡献。1971年病逝。著有《地球表面形象变迁之主因》、《中国地质学》、《地质力学概论》等。

课文再现

《奇怪的大石头》（人教版三年级上册）讲述了这样一个故事：李四光对一块大石头很好奇，为了知道大石头为什么来到这里，他问了老师和爸爸都没有结果，后来学了地质学之后，弄明白了是冰川将石头移动到这里的。

小记者多多有话说 <<<<

嗨，大家好！校报的小记者多多又和你见面了，学习了这篇课文，我们知道李四光是一个好奇心很强的人，我们也要向他学习。他的生活中还发生过什么故事呢？想更进一步了解他的人，跟我去资料库看看吧！

课外 链接

救 火

　　李四光9岁那年，元宵节晚上有花灯表演，他兴高采烈地和大人们去观看，很晚才回家。熟睡之中，突然有人大声喊起来：

　　"不好啦，河南大婆的屋子着火了，大家快去救火呀！"

　　李四光在梦中被一片嘈杂声吵醒，赶紧披上衣服，提着一只水桶也跑了出来。河南大婆家的茅屋火光冲天，李四光跑到池塘边装了多半桶水，跟跟跄跄地拎到茅屋前。火苗正从茅屋顶往外窜，可他怎么用劲，水也泼不到屋顶的火苗上。

> 从这件事中，我们看到了一个有勇有谋的小李四光形象。

　　李四光又拎着水桶转到房子后边，看见屋檐下正巧放着个梯子。李四光的胆子从小就大，爬梯子是经常的事，这回又是救火，他三下两下就爬上了房，把桶里的水一瓢一瓢地向火苗泼去。

火终于被大伙扑灭了，河南大婆也被救了出来。母亲四处找不到李四光，急得大喊起来：

　　"四光！四光！你在哪儿？"

　　"妈妈，我在这儿！"

　　妈妈一听，儿子的声音好像是从上面发出来的。她抬头一看，只见儿子在房顶上拿着水瓢，提着水桶，裤腿上还滴滴嗒嗒地滴着水珠。

　　"快点给我下来，多危险！你是怎么上去的呀？"

李四光的家乡

"妈妈，房后有梯子，我是蹬着梯子上来的。"

邻居们赶紧跑到房后，从梯子上抱下李四光，并齐声夸赞他勇敢。这时，李四光看到河南大婆没有穿棉衣，便赶紧跑回家，把母亲的旧衣服拿来送给河南大婆。看到这一切，母亲感到很高兴，儿子已经懂事了。

1.李四光参加的救火是在什么时候？大火发生在谁的家里？

_____

_____

2.救完火之后，李四光又做了些什么？

_____

_____

小记者多多的采访笔记

　　李四光刚刚9岁，就懂得了帮助别人，而且在做事的过程中积极动脑筋，想出的办法比大人更周到，更巧妙，李四光的勇敢让大家赞叹，李四光的善良更是让人敬佩不已。

　　在学习中，如果我们也遇到了困难，一定要学习李四光的沉着勇敢，想出最好的办法积极面对困难，不管任务有多么艰巨，都要有坚定的决心：努力！我一定会坚持到最后，勇敢地面对生活，直到迎来第一缕胜利的曙光。

放走小偷

李四光上小学时，遇到了这样一件事：

李四光上的是私塾，同学们都在校住宿。有一天夜里，天气特别的寒冷，大家把所有的衣服都压在被子上面。半夜里，一个小偷溜进学生宿舍，把一个同学盖在被子上的衣服给偷走了。那小偷正要溜出去时，碰倒了桌子，响声惊醒了一位同学，他见有陌生人进来，便大声喊道："有小偷，大家快起来抓小偷！"

同学们全都惊醒了，冲出宿舍去捉贼。不一会儿，小偷就被同学们抓了回来。只见那小偷衣衫褴褛，脸色蜡黄。同学们你一拳我一脚地把小偷打得鼻青脸肿。

他虽然恨小偷的行为，但他不愿意看到弱者被欺凌。

"大家不要再打他了！"站在一旁一直没有动手的李四光实在看不下去了，就向同学们喊道。

同学们住了手，一齐望着他们最尊敬的老大哥。

李四光走上前对那个小偷说："你以后再不能偷东西了。做了坏事，别人就要打你。你以后做个好人吧！"

小偷点了一下头，眼泪扑簌簌地掉了下来。有的同学围上来埋怨李四光："他偷了别人的衣服，也想偷你的，你为什么要帮助他？"

李四光说道："你们看他穿得那么单薄，又被打了一顿，实在可怜，放了他吧。我想他今后会改的。"

小偷被放走了，临走时，他向李四光深深地鞠了一躬。

1.李四光为什么要放走小偷？

_____

_____

2.同学们对待小偷的行为和李四光对待小偷的行为有什么不同？

_____

_____

小记者多多的采访笔记

　　李四光有着一颗善良的心，当他看到那小偷衣衫褴褛，脸色蜡黄，还被同学们打得鼻青脸肿时，他看不下去了，就要求大家不要再打他了。这让我们看到他那一颗纯净的玉石般善良的心。

　　善良是人类的美德，以其岁月凝聚的光泽，闪烁着永远不变的色彩。善良是人类赖以生存的大树，善良是一种风度，是一种修养，也是一种海洋般博大的胸怀。它把高尚与友情、忠实与勇敢带给我们，吸纳到爱的生命中，我相信大家会很快发现善良，并去珍惜它，创造更美好的生活。

邓稼先

名人简介

　　邓稼先（1924—1986），安徽怀宁人，中国物理学家。1945年毕业于西南联合大学物理系，后在北京大学任教。1948年10月赴美国普渡大学物理系学习，1950年获物理学博士学位，同年回国。他是中国核武器理论研究工作的开拓者与奠基人之一。在原子弹、氢弹研究中，他领导开展了爆轰物理、流体力学、状态方程、中子输运等基础理论研究，完成了原子弹的理论方案，并参与指导核试验的爆轰模拟试验。原子弹试验成功后，又领导并参与1967年中国第一颗氢弹的研制和试验工作并成功爆破，创造了世界上最快的研制速度。1986年因长期受辐射伤害，身患癌症逝世。1999年被追授"两弹一星"功勋奖章。由于他对中国核科学事业作出的突出贡献，被称为中国的"两弹元勋"。

课文再现

　　《邓稼先的人生之路》讲述了邓稼先为科学奉献的一生：邓稼先的一生都奉献给了祖国的原子弹事业，为中国的核武器发展作出了不可磨灭的贡献，被称为"两弹元勋"。

小记者多多有话说 <<<<<

　　嗨！同学们好，我是校报的小记者多多，通过这篇课文的学习，我们对"中国原子弹之父"邓稼先更加敬佩了。他一定还有很多值得我们学习的地方吧？是不是想更多地了解他呢？那就到我的资料库看看吧！

课外链接

年少志高

邓稼先1924年6月25日出生于安徽怀宁县一个书香门第，祖父是清代著名书法家和篆刻家，父亲是著名的美学家和美术史家，曾在清华大学、北京大学任教。1925年，母亲带他来到北京，与父亲生活在一起。他5岁入小学，在父亲指导下打下了很好的中西文化基础。1935年，他考入崇德中学，与比他高两班，且是清华大学院内邻居的杨振宁结为最好的朋友。

> 愿望和理想是成才最大的精神动力。

他从青少年时代就有了科技强国的夙愿，将个人的事业与民族的兴亡紧密相连。

邓稼先在校园中深受爱国救亡运动的影响，"七七"事变后，全家滞留北京，他秘密参加抗日聚会。在父亲安排下，16岁的邓稼先随大姐去了大后方，在四川江津读完高中，并于1941年考入西南联合大学物理系，受业于王竹溪、郑华炽等著名教授。抗日战争胜利时，他拿到了毕业证书，在昆明参加了中国共产党的外围组织"民青"，投身于争取民主、反对国民党独裁统治的斗争。翌年，他回到北京，受聘担任了北京大学物理系助教，并在学生运动中担任了北京大学教职工联合会主席。

抱着学更多的本领以建设新中国之志，他于1947年通过

西南联合大学校门

了赴美研究生考试，于翌年秋进入美国印第安那州的普渡大学研究生院。由于他学习成绩突出，不足两年便修满学分，并通过博士论文答辩。此时他才26岁，人称"娃娃博士"。这位取得学位刚9天的"娃娃博士"毅然放弃了在美国优越的生活和工作条件，回到了当时还一穷二白的祖国。

1.他在年轻时是一味地读死书，不关心国家兴亡的学生吗？

_____

_____

2.他为什么要去美国留学呢？

_____

_____

小记者多多的采访笔记

　　邓稼先是中国知识分子的优秀代表，也是中国的帅才，他在那么年轻的时候就能有科技强国的凤愿，将个人的事业与民族的兴亡紧密相连。正因为如此，取得学位刚9天的"娃娃博士"邓稼先才能够做到毅然放弃在美国优越的生活和工作条件，回到当时还一穷二白的祖国。凭他的魄力和学识，他得到了中国领导人和中国人民的绝对信任。

邓稼先的诚信故事

邓稼先是我国著名的物理学家，在氢弹和原子弹的研制中担任着非常重要的职务。他和诺贝尔物理学奖获得者、美籍华人杨振宁从小就是好朋友。

原子弹爆炸成功

他们的父母都是清华大学的老师，因为都住在清华大学院内，所以很小的时候两个人就在一块玩，后来还在一个中学读书。他们俩都很聪明，但是性格不同，杨振宁比较机灵，邓稼先沉稳老实。可是他们都很敬重对方，以对方的优点为榜样互相学习。这样两人成了好朋友。

长大以后，他们都在美国留学，并且都学习理论物理学，搞原子核物理研究。邓稼先毕业后不久返回祖国，支持祖国的科技建设，杨振宁则继续留在美国搞科学研究。

邓稼先回国以后，被派去领导和组织原子弹的研制工作。经过多年的艰苦奋斗，1964年10月26日我国第一颗原子弹终于试验成功。杨振宁知道了这个消息后很为自己的祖国高兴，同时他也很想知道自己的好朋友邓稼先是否参与了原子弹的研究工作。但他知道这是国家机密，如果问邓稼先，会让他为难的，所以就一直没问过。

1971年，杨振宁回国，邓稼先到首都机场迎接分别整整20年的老朋友，两人一见面就没完没了地聊了起来。但是由于邓稼先从事的工作都属于国家机密，两人的谈话总是点到为止，尽量不涉及这方面的问题。可是杨振宁十分想知道邓稼先是否参与了原子弹的研究，于是就绕着弯子问他：

"听说中国研究原子弹的专家中有美国人，有这么回事么？"这个问题让邓稼先很为难。如果回答"没有"，就证明了自己很了解参加原子弹试验的成员，这实际上是承认了自己也参与了原子弹的研制；如果回答"不知道"，又是在欺骗老朋友。于是他就想出一个既不泄密，也不欺骗朋友的办法，说："我以后再告诉你吧。"后来，邓稼先把这个问题向上级汇报，最终得到周恩来总理的批准。邓稼先这才如实地答复了老朋友的问题。

> 几句简单的对话，表现出了杨振宁的"狡猾"与邓稼先的沉稳。

邓稼先就是这样一个诚实正直的人，无论是对待国家还是朋友，都以诚为本。

1986年，邓稼先病逝，杨振宁为失去这样一位好朋友而十分悲痛，他从美国发来的电报中说："稼先为人忠诚纯正，是我最敬爱的挚友。"

小记者多多考考你

1.我国第一颗原子弹试验成功是在什么时候？

_____

_____

2.为什么说邓稼先是一位忠诚纯正的人？

_____

_____

小记者多多的采访笔记

　　"诚信"是做人的一种品质。在人的一生当中，可以没有金钱，也可以没有荣誉，但绝不能没有诚信。"人，以诚为本，以信为天。"有了诚信，你才能和别人相处得更加融洽。

　　邓稼先就是这样一位以诚信为本的人，在不愿欺骗老朋友，又不能泄露国家机密的情况下，向上级请示，对国家和朋友都做到了诚信。

竺可桢

名人简介

竺可桢（1890—1974），又名绍荣，字藕舫，汉族，浙江绍兴人。中国卓越的科学史家和教育家，当代著名的地理学家和气象学家，中国近代地理学和气象学的奠基人。1910年公费留美，1913年夏从伊利诺斯大学毕业后转入哈佛大学研究院地理系专攻气象，1918年获博士学位。1920年秋应聘南京高等师范学校地学教授。1927年任东南大学地学系主任，1928年任中央研究院气象研究所研究员兼所长，新中国成立前他先后执教于武昌高等师范学校、东南大学和南开大学。他先后创建了中国大学中的第一个地学系和中央研究院气象研究所；担任浙江大学校长13年，被尊为中国高校四大校长之一。1974年2月7日竺可桢因肺病在北京逝世。

课文再现

《第一朵杏花》（苏教版四年级下册）讲述了竺可桢认真研究杏花开放时间的故事：竺可桢是一位非常严谨的科学家，他搞气象研究的数据都要非常精确。他耐心地观察杏花，并让杏树的小主人也细心观察，最终得出了杏花开放的准确时间是在清明节。

小记者多多有话说 <<<<

同学们，大家好！我是校报的小记者多多，很高兴我们又见面了，学习了这篇课文，大家对竺可桢爷爷的严谨一定非常敬佩！他的成长经历是不是也有值得我们学习的地方呢？同学们，还等什么，跟我一起去了解他吧！

持之以恒的力量

竺可桢5岁进学堂，7岁开始写作文。竺可桢写作文，常常是写了一遍，自己觉得不好又重新写一遍，等到他自己认为满意了才停笔。竺可桢读书很

竺可桢一家合影

用功，一天晚上，当他上床睡觉时，大公鸡已经"喔、喔"地啼叫了。母亲怕他累坏了身子，就常常用陪学的办法督促他早睡。竺可桢很聪明，有时随母亲睡了，可当他听到鸡叫时，知道天快亮了，就又轻轻地爬起来，背诵老师教的国语课。竺可桢不仅爱学习，还爱用脑子思考问题。家乡雨水特别多，屋檐上老是滴水，落在石板上发出"滴答、滴答"的响声。竺可桢站在一旁数那滴答作响的水滴，数着数着，他像发现了奇迹，眼睛盯住石板出神，他心里纳闷：哎，这些石板上怎么有一个一个的水坑呀，水滴正好滴在小坑里。再看看另外一块石板，也是同样的情况。他立即跑去请教父亲。

父亲听了他的问话，感到由衷的高兴，耐心地向他解释说："这就叫'水滴石穿'呀！别看一滴一滴的雨水没有什么厉害的，但是，天长日久，石板就被滴出小坑了。读书、办事情，也是这个道理，只有持之以恒，才会有所成就。"

> 父亲教给竺可桢做任何事都要有持之以恒的精神。

1.竺可桢小时候是怎么努力学习的?

_____

_____

2.父亲是如何给竺可桢解释石板上的小水坑的?

_____

_____

　　人们常说:"滴水能把石穿透,万事功到自然成。"这句话的本意是:水滴不停地滴到石头上就能够把石头给穿透,而人只要肯下功夫必定就能将事情做好,最终取得成功!人们经常用这句话来鼓励那些做事有毅力、坚韧不拔的人。

　　我国近代气象学的奠基人竺可桢,为了研究中国气象,仅从1936年到他病逝的38年时间里,就写了关于中国气候的日记达800万字。无论他遇到什么困难,无一天间歇。所以,人贵有志,学贵有恒。让我们向成功者学习,锁定奋斗目标,持之以恒,朝着一个方向努力吧!

竺可桢管天

竺可桢从青少年时代起，就树立了"科学救国"的志向，留学回国后，他看到中国没有自己的气象站，气象预报和资料竟由各列强控制，便著文疾呼："夫制气象图，乃一国政府之事，而劳外国教会之代谋亦大可耻也。"在抗战爆发前的十余年间，他靠着水滴石穿的韧劲，不辞辛劳地在全国各地建立了40多个气象站和100多个雨量观测站，初步奠定了中国自己的气象观测网。

工作中的竺可桢

全国解放后，竺可桢以很大精力关注中国的农业生产，想方设法利用气象学知识增加粮食产量；1964年，他写了重要论文《论我国气候的特点及其与粮食生产的关系》，其中分析了光、温度、降水对粮食的影响，提出了发展农业生产的许多设想。毛泽东看过此文后非常高兴，专门请竺可桢到中南海面谈，对他说："你的文章写得好啊!我们有个农业八字宪法（土、肥、水、种、密、保、工、管），只管地，你的文章管了天，弥补了八字宪法的不足。"竺可桢回答："天有不测风云，不大好管呢!"毛泽东幽默地说："我们两个人分工合作，就把天地都管起来了!"

突出了竺可桢对科学工作的兢兢业业和对科学事业的热爱。

在科学研究中，竺可桢一丝不苟，喜欢事必躬亲。抗战期间，浙江大学几次迁移，虽条件极其艰苦，可每到一地竺可桢总不忘搜集资料，开展科研。学生们都知道，竺校长随身总带着四件宝：照相机、高度表、气温表和罗盘。他71岁时，还参加了南水北调考察队，上至海拔4000多米的阿坝高原，下到险峻的雅砻江峡谷。他严谨的学风，深受广大学者推崇。

从1917年在哈佛大学读书时开始，竺可桢就养成了记日记的习惯，其中又主要记录了气象研究的各种资料。由于战乱，只保存了1936年到1974年2月6日的日记，共计38年37天，其间竟然一天未断!这些日记页页蝇头小楷，一丝不苟，共计800多万字，令人叹为观止。直到他去世前一天，还用颤抖的笔在日记本上记下了当天的气温、风力等数据。

1. 竺可桢是怎样建立中国的气象观测网的？

_____

2. 竺可桢的日记内容主要是什么？

_____

_____

小记者多多的采访笔记

　　竺可桢为中国气象研究事业作出了不可磨灭的贡献，他初步建立了中国的气象观测网，对我国的气象研究起到了非常重要的作用。他之所以取得这么多科学成就，与他的细心观察是分不开的，就连他的日记本都记录着气象资料呢。

　　我们也要养成细心观察的好习惯，这样才能掌握更多的知识，将来成为一个有用的人。

詹天佑

名人简介

　　詹天佑（1861—1919），字眷诚，号达朝，安徽婺源（今属江西）人。中国铁路工程的先驱。1905年至1909年主持修建中国自建的第一条铁路——京张铁路（今京包线北京至张家口段），并培养了中国第一批铁路工程师，有"中国铁路之父"、"中国近代工程之父"之称。

课文再现

　　《詹天佑》（苏教版六年级上册）讲述了詹天佑主持修建京张铁路的故事：詹天佑克服了种种艰难，设计并主持修建了第一条完全由我国技术人员自主设计建设的铁路——京张铁路，他的"人"字形构想，成功解决了火车上山的难题。

小记者多多有话说 ◀◀◀◀

　　同学们好，我是小记者多多，很高兴又和大家见面了。詹天佑是我国近代工程之父，京张铁路就是他主持修建的。但是，除了修铁路，你还了解他的多少事迹呢？不要走开，跟随我一起去看看吧！

詹天佑童年的故事

在中国铁路发展史上，詹天佑是第一位中国铁路工程师。在他的领导下，我国成功地建成了第一条由中国人自主设计建设的铁路——京张铁路。这是我国铁路建设史上一座最伟大的里程碑。为纪念这位伟大的爱国工程师，他的铜像至今巍然矗立在青龙桥车站，人们经过这里，都会肃然起敬，无限缅怀他的丰功伟绩。

詹天佑于1861年4月26日出生在广东南海县的一个普通家庭。他的父亲詹兴洪原是一个茶商，因英法帝国主义的入侵而破产，只能靠种田维持一家人的生活。

詹天佑从小就从大人那里听到许多关于反抗英法侵略者的故事，也看到清朝统治者的腐败无能，这些都在他幼小的心灵里播下了种子。

詹天佑七八岁的时候，被送到私塾读书，但是，他对那些"四书五经"不感兴趣，而是喜欢摆弄一些机械。他经常用一些捡来的小螺丝钉、小齿轮、旧发条做玩具，还用泥巴捏轮船、起重机，许多小伙伴都成天追着他一块玩。在上学的路上，他经常站在工厂外面，观看里面的机器、运货车，琢磨来，琢磨去，常常忘记了上学。有一天，他看着家中墙上的挂钟出了神。挂钟为什么会嘀嗒嘀嗒走个不停呀？为什么会打点呀？想着想着，他就动手把挂钟拆开，想看个究竟。可是，再想按原样装起来的时候，却怎么也装不好了，急得他满头大汗。父亲看见了，虽然有些生气，还是领着

詹天佑浮雕

他到县里的钟表店，让他仔细看工匠怎么拆装钟表。

1871年底，詹天佑快11岁了，已经在私塾读书4年多了。父亲想在他念完私塾以后，让他去做工挣钱。这时，同乡谭伯村匆匆从香港来到南海，说那里正在选拔幼童出洋留学。谭伯村也是一位商人，看到詹天佑从小聪明好学，非常喜欢他，经常用钱财接济他们家。

谭伯村极力劝詹兴洪夫妇送孩子去参加留美考试，认为这关系到孩子的前途。詹兴洪却担心儿子年幼，出这样的远门很不放心，而且，家里的经济状况也不大好。谭伯村表示，经济上他愿意资助，这样一来，父亲才决定送詹天佑去香港参加留学考试。

当时留学的环境非常不好。

1872年，詹天佑顺利通过了考试，父亲也在清政府的出洋"甘结"上签了字。所谓"甘结"就是一种合同，可以说跟卖身契差不多。比如，"甘结"中规定，必须听从清政府差遣，如有疾病甚至生死之险，概不负责等。

12岁的詹天佑经过半年的出国培训，于1872年7月登上了赴美的洋轮，开始了留学生涯。一开始，他进了美国的一个"诺索布寄宿学校"上小学，学英语。1876年进入纽海文希尔豪斯中学(丘屋中学)，两年后毕业，又考入耶鲁大学土木工程系。

在美国留学期间，詹天佑学习非常刻苦，也很注意锻炼身体，立志为早日富强祖国而学习科学。在120名留美官费生中，只有两人顺利完成大学的学业并获得学位，詹天佑是其中之一，他的毕业论文《码头起重机的研究》获得很高的评价。

小记者多多考考你

1.詹天佑为什么要把钟表拆了？

_____

_____

2.詹天佑为什么要刻苦学习？

_____

_____

詹天佑小小年纪就出国留学，立志报效祖国，这种精神非常令人敬佩。正是有了詹天佑这样一大批为祖国而奋斗不止的有志之士，中国才得以渐渐从腐败的封建社会中走出。我们也应该像詹天佑一样，把为了让祖国更加富强作为自己学习的目标。

詹天佑参加海战

詹天佑是我国铁路事业的奠基者，这是众所周知的事。然而，詹天佑年轻时当过海军并且参加过战斗的事，却极少有人知道。

詹天佑小的时候被清政府送到美国留学，学的是土木工程，但回国后才发现，我国根本就没有交通业，毫无用武之地的詹天佑被派到福建的南洋水师驾驶军舰。

1884年，法国侵略越南，并开始挑衅中国。他们将海军开到福建沿海一带，向中国发出了战书。七月初四，双方在海上展开了激战。詹天佑驾驶的"扬武"舰是中国的旗舰，因此，一出现就成了敌人重点攻击的目标。水雷"嗖嗖"地发射过来，詹天佑驾驶着旗舰，左躲右闪，并让船上的同伴狠狠地还击。但是，中国的武器太落后了，炮弹根本就够不着敌人。詹

京张铁路

天佑迅速向敌人的旗舰靠近，战友们一边调整一边不断开炮。正在这紧急关头，"扬武"舰的底座突然被敌舰击中，一下子倾斜下来。但是，詹天佑临危不惧，依然稳稳地驾驶战舰，试图撞向敌舰，与其同归于尽。

这时，詹天佑接到命令，为了保存实力，全体官兵必须迅速弃船逃命。

为了长远目标，不能逞一时英雄。

无奈之下，詹天佑只好纵身跳进大海，同时还援救了好几位同伴。

这次失败给詹天佑影响很大，他决定从一点点小事做起，为祖国的强大而发奋努力。后来，他终于用京张铁路的成功，向那些准备看我们笑话的外国人证明了中国人的实力。

小记者多多考考你

1.詹天佑驾驶的是什么战舰？

_____

_____

2.战斗失败给了詹天佑怎样的影响？

_____

_____

小记者多多的采访笔记

"落后就要挨打"，清政府的腐败无能，让中国遭受了许多国家的欺辱。詹天佑一介文人，为维护祖国利益，他早已把生死置之度外，这种精神非常值得我们学习。

今天，中国站起来了，但我们要居安思危，不能再重蹈覆辙。

文学家

萧伯纳

名人简介

　　萧伯纳（1856—1950），爱尔兰人，生于都柏林。剧作家、小说家。1876年移居英国。1879年开始文学活动。1892年，萧伯纳正式开始创作剧本，戏剧集有《不愉快的戏剧集》、《为清教徒而写的戏剧集》等。他的戏剧果真改变了19世纪末英国舞台的阴霾状况，他本人也成为了戏剧界的革新家，掀开了英国戏剧史的新一页。后来，他又创作了《英国佬的另一个岛》、《巴巴拉少校》、《皮革多利翁》、《伤心之家》、《圣女贞德》等大量优秀的作品。1925年获诺贝尔文学奖。1950年11月2日在赫特福德郡埃奥特圣劳伦斯寓所病逝。著作编为《萧伯纳全集》。

课文再现

　　《大作家的小老师》（苏教版三年级下册）讲述了大作家萧伯纳与一位小姑娘相遇的故事：英国著名作家萧伯纳在莫斯科访问时与一位俄罗斯小姑娘玩耍，小姑娘通过自己的言辞让萧伯纳领悟到"人与人要平等相待，不能自夸"的道理。

小记者多多有话说 ＜＜＜＜

　　嗨！我是校报的小记者多多，读了这篇课文，我发现名人萧伯纳居然那么虚心地听取一个小姑娘的话，真有大家风范啊！他还有哪些值得我们学习的地方呢？怎么样，跟我一起去资料库看看吧！

课外链接

萧伯纳与诺贝尔奖

这样伟大的作家是怎样看待荣誉的呢？

诺贝尔奖设立一百多年以来，已经成为人类社会最有影响、最权威的奖项，全世界的人为之趋之若鹜。但是，有一个人却对这个奖不以为然，拒绝领奖，更不认为获得诺贝尔奖是自己的荣耀。这个人就是英国文学家萧伯纳。

获悉瑞典学院决定把1925年的诺贝尔文学奖颁发给他时，他幽默地说："干吗要在一个老头子的脖子上系上一只金铃？"

当时一家英国报纸的记者采访了萧伯纳，萧伯纳说："这件事情，我实在有点想不通。我想，我之所以获奖，是由于我今年没有写出半个字。"萧伯纳的话当然不可信，但从中可以窥见他对诺贝尔文学奖的态度。事实上，不仅仅是对于诺贝尔奖，对于当时英国和世界上的其他荣誉，他同样不以为然。萧伯纳认为，对于一个作家来说，奖励和荣誉都不重要，重要的是写出伟大的作品。

尽管事先就得知萧伯纳并不看重诺贝尔文学奖，瑞典学院还是对萧伯纳给予了高度评价，他们对萧伯纳的获奖评语是："由于他那些充满理想主义及人情味的作品——它们那种激励性的讽刺，常蕴涵着一种高度的诗意美。"

萧伯纳并不领情，拒绝去瑞典领奖。后来，在英国皇室出面以及亲友的劝说下，他才勉强去瑞典出席了颁奖仪式，领回了奖状。回来以后，他把奖状挂在最不显眼的角落里，又用6500英镑奖金建立了一个文化基金会，以褒奖和扶持年轻作家。

　　对于萧伯纳的做法，恩格斯在一篇文章中说："萧伯纳作为文学家，是很有才气和敏锐的，他十分正直，也不追逐名利。"高度概括了萧伯纳对待金钱和荣誉的态度。

1. 英国文学家萧伯纳以获诺贝尔奖为自己的荣耀吗？

_____

_____

2. 恩格斯怎样评价萧伯纳？

_____

_____

 小记者**多多**的采访笔记

　　萧伯纳能做到淡泊名利，实在是让人敬佩。很多人的奋斗都停留在追逐名利这一个层次上，他们认为努力工作是为了多赚钱，殊不知那就成为了物质的奴隶，容易走进一个不满足不快乐的怪圈。如果做到了淡泊名利，摆脱了物欲的枷锁，那才是一种很高的境界，是令人敬仰的境界。

　　我们还是学生，我们的生活可能很少涉及名和利，但我们可以像萧伯纳一样，把我们的时间、精力和有限的零用钱用在最需要它们的地方，实现它们的价值。

萧伯纳学演讲不怕出丑

　　萧伯纳不仅是英国杰出的戏剧家，也是一位出色的演讲家。有趣的是，他学演讲的过程也颇具"戏剧性"。

　　萧伯纳年轻的时候，可以说是英国最胆怯的人之一。20岁那年，他初到大城市伦敦，胆子非常小，特别不好意思见人。一次，别人请他去做客，他在河堤上走来走去，磨蹭了二十多分钟，才壮起胆子走到别人家门前。到了门前，他还是情绪慌乱，不敢去敲人家的门。还有一次，朋友邀他去参加学术辩论会，他在会上万分紧张地站起来，结结巴巴、语无伦次地发言，结果被别人讥笑，有人甚至说他是傻瓜。对于年轻时的胆小和恐惧，后来的萧伯纳坦然承认："很少有人像我这样因为胆小而痛苦，或极度地为它感到羞耻。"

　　当他意识到自己不敢大胆讲话这个严重的缺点后，便发奋练习演讲，决心把缺点变成自己最突出的优点。联想到自己初学溜冰时的胆小和恐惧以及在一次次狼狈摔倒后掌握了溜冰要领，他认识到不当众练习，自己就学不会在大庭广众面前演讲。

　　于是，他勇敢地报名加入了伦敦的一个辩论学会，每星期都坚持当众演讲。刚开始，别人都把他当成一个"小丑"，取笑他，甚至轰他下台，但他始终坚持演讲完后再下台。他一次又一次地向自己挑战，内心里总是默默地对自己高喊"我不怕出丑！""我不怕出丑！"慢慢地，他胆大起来，头脑清晰起来，演讲也流利了，别人从此不得不对他另眼相看。

　　此后，萧伯纳积极寻找各种锻炼口才的

休闲中的萧伯纳

机会。每逢有公众讨论的聚会，不管是在教堂、学校，还是在公园、码头、市场；不管是在挤满上千听众的大厅，还是在只有寥寥数人的地下室，他都踊跃参加。有人曾做过统计，此后十二年中，他演讲达到了一千多次，几乎全伦敦的每个地方都能看到他慷慨陈词的身影。

当然，战胜自己的过程是困难的，萧伯纳饱尝了怯懦、恐惧的煎熬，以及别人讥笑的折磨，但他始终未曾退缩，而是以强大的毅力坚持了下来。结果，他从一个自卑怯懦的青年，变成了20世纪上半叶最出色的演讲家之一。后来，有人曾问萧伯纳："您是怎样学会当众演讲的？"他回答说："我是以自己学溜冰的方法来练习演讲的——我固执地、一个劲儿地让自己出丑，直到我娴熟为止！"

> 他为自己的执著于出丑而自豪！

小记者多多考考你

1. 萧伯纳年轻的时候，就很擅长演讲了吗？

_____

_____

2. 萧伯纳是怎样学会当众演讲的？

_____

_____

小记者多多的采访笔记

有很多人不敢当众说话，一开口就语无伦次，其实都是因为怕丢面子，怕出丑。勇敢是演讲的前提，自信是成功的秘诀。但愿大家能从萧伯纳的成功经验中汲取智慧，不怕挫折，不懈进取，在追求卓越的道路上，变渺小为伟大，化平庸为神奇。

莫泊桑

名人简介

　　莫泊桑（1850—1893），19世纪后半期法国优秀的批判现实主义作家。其文学成就以短篇小说最为突出，被誉为"短篇小说之王"。他与契诃夫、欧·亨利并列为世界三大短篇小说巨匠。他一生创作了6部长篇小说和近300篇短篇小说。短篇的主题大致可归纳为三方面：一是讽刺虚荣心和拜金主义，如《项链》、《我的叔叔于勒》；二是描写劳动人民的悲惨遭遇，赞颂其正直、淳朴、宽厚的品格，如《归来》；三是描写普法战争，反映法国人民的爱国情绪，如《羊脂球》。

课文再现

　　《莫泊桑拜师》（苏教版六年级下册）讲述了福楼拜教莫泊桑写作的故事：莫泊桑去请福楼拜指点他写作，福楼拜让他天天在大街上观察马车，让他记下不同的感受和所见所闻。莫泊桑经过仔细观察和揣摩，积累了很多好材料，写出了不少著名的小说。

小记者多多有话说 ＜＜＜＜

　　课文中，莫泊桑悉心听取老师的意见，积累了大量写作素材，写出了很多好作品，这些是他在文学上的成就。那么，你知道莫泊桑是怎样走上文学之路的吗？他曾经年轻气盛，恃才傲物，福楼拜又是怎样折服他的呢？我们一起看看下面的资料吧。

莫泊桑的文学启蒙路

小时候的莫泊桑

莫泊桑并没有一个和睦的家庭，可怜的小莫泊桑出生之后不久，他的父母就分居了。幼年的莫泊桑还体会不到家庭不幸带来的痛苦，整日无忧无虑，又聪明又活泼，母亲看在眼里，非常欣慰。

母亲非常爱自己的儿子，并对他抱有很高的期望。她亲自教他读拉丁文，启发鼓励他写诗。但是，她常常看着儿子出神地想，仅仅靠自己教育儿子是远远不够的。要想让儿子成才，必须给他找一个好老师。这样，也可以弥补她没有给儿子一个幸福家庭的愧疚。

于是，母亲开始到处打听，给儿子寻找一个好老师。莫泊桑的舅舅是一位诗人和小说家，和当时的大文豪福楼拜是好朋友。莫泊桑的母亲有一天忽然想，如果让福楼拜来做儿子的老师，那该多好啊！但是，他哪能轻易就给一个普通孩子做老师呢？母亲在房间里踱来踱去，决心尽最大努力，争取让福楼拜教导儿子。于是，她开始加紧对儿子学习的指导，培养他对文学更深的爱好。她不失时机地鼓励儿子多写东西，莫泊桑一旦写了，她就仔细地保存下来，哪怕有时只是一些散乱的片段。因为她希望有朝一日能够

母亲的努力与坚持使得莫泊桑从小就深受文学的熏陶。

拿给福楼拜看，得到他的指点。莫泊桑看到母亲如此认真地对待自己的"作品"，不好意思写一些敷衍了事的诗歌或文章给母亲留着——那样实在太丢

脸了！因此，他常常独自在房间里苦苦思索，或者去海边散步寻找灵感，或者读一些大家的作品充实自己。就这样，他的写作进步越来越大。

没有找到福楼拜做老师之前，母亲为儿子找的老师叫布耶，也是当地一个有名的人物，并且，他和福楼拜也是好朋友。莫泊桑的母亲的一番苦心，老师布耶时常看在眼里，为之深深感动。他有一次要去拜访福楼拜，想到莫泊桑母亲的心愿，就带上孩子一起去了。临行前，母亲把莫泊桑的作品挑出一些让他们带上，希望可以得到大师的指点。果然，到了福楼拜家以后，福楼拜很认真地看了这些诗作，和他们一起分析，而且还提出了自己的意见。最后，他爽快地答应收莫泊桑做自己的学生。

后来，在福楼拜的严格要求和精心指点之下，莫泊桑成功地走上了文学之路。

1.莫泊桑的母亲认识到想要儿子成才，必须怎么做？

_____

_____

2.莫泊桑是怎样成为福楼拜的学生的？

_____

_____

小记者多多的采访笔记

每个人都不是生下来就什么都知道的，人需要学习，尤其是在21世纪这个知识经济时代，参加各种形式的学习已是人们不断满足自身需要、完善知识结构、获取有价值的信息，并最终取得成功的法宝。

莫泊桑是一个非常好学的学生，他在拜师以后的努力进取，深得老师福楼拜的赏识。也正因为如此，莫泊桑成为了令老师骄傲的著名作家。

处处留心皆学问

莫泊桑从小由于母亲的培养，观察力本来就很敏锐。后来，又经过老师福楼拜的悉心指教，越发地养成了精确观察的习惯。他善于从现实生活中汲取观察的印象、感觉，捕捉隐藏在各种事物内部的含义。

莫泊桑家乡今景

一次，莫泊桑在一部小说中需要细腻地描写一个人被踢之后的感觉，但他本人没有这种体验，苦思良久之后仍无法下笔。于是，他信步走到大街上，迎面正好遇到一个乞丐。

莫泊桑迎上前去，言辞恳切地说："请踢我几脚吧！"

那乞丐起初不敢相信自己的耳朵，后来确信明白了莫泊桑的用意后，以为他是个神经病，理都没理，就走开了。莫泊桑一见当时街上没别的人，正是找感觉的好机会，哪里肯放过他。莫泊桑急忙从口袋里掏出钱，追上去给他，说道："老兄，用力踢吧。"

那乞丐见钱便一把抓了过去，随后狠狠地踢了莫泊桑的屁股一脚。莫泊桑忍痛揉着屁股，忙跑回屋子。挨踢的滋味了然于心，他马上抚笔临纸，飞快地记录了下来。

如此真切的感受，读者又怎能不喜爱他的作品？

从这件小事上，我们可以看出莫泊桑对事物的观察、体验到了多么认真的地步。

后来，在写《戴家楼》的时候，为了了解英国水手唱的是什么歌，他特意请屠格涅夫和自己一起到码头去听，但写进《戴家楼》里仅仅是这么一句话："这时候那一群闹哄哄的海员们又在街口出现了。法国水手们狂吼着马

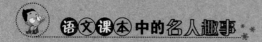

赛曲，英国水手们狂吼着大不列颠国歌。"他就是用这样严肃认真、一丝不苟的态度从事创作，绝不掺假，绝不敷衍了事。

莫泊桑认真观察生活、体验生活的态度，最终使他在文学上取得了巨大的成就。他的创作大多取材于他所透彻观察到的生活片段，并且能够在他所注意的事物中，看出别人所不能看出的某些新的东西。对此，莫泊桑深有体会地说："任何事物里，都有未被发现的东西，因为人们看事物的时候，只习惯于回忆前人对它的想法。最细微的事物里，也会有一星半点违背认识过的东西，让我们去发掘它。"

1.这篇短文主要讲述了哪几件事？请简要概括。

_____

_____

2.莫泊桑对待文学创作的态度如何？（可用文中原句回答）

_____

_____

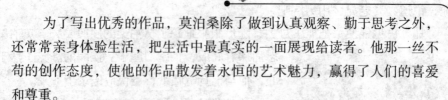

　　为了写出优秀的作品，莫泊桑除了做到认真观察、勤于思考之外，还常常亲身体验生活，把生活中最真实的一面展现给读者。他那一丝不苟的创作态度，使他的作品散发着永恒的艺术魅力，赢得了人们的喜爱和尊重。

　　我们不否认莫泊桑比常人更具文学天赋，但如果只有严肃认真的创作态度，没有点点滴滴的生活积累，他也无法达到事业的顶峰。正如爱迪生所说，天才就是99%的汗水加1%的灵感，无论学习、研究，还是艺术创作，都适用这个道理。

列夫·托尔斯泰

名人简介

列夫·尼古拉耶维奇·托尔斯泰（1828—1910），俄国作家，19世纪末20世纪初最伟大的文学家，世界文学史上最杰出的作家之一。他以自己一生的辛勤创作，登上了当时欧洲批判现实主义文学的顶峰。他还以自己有力的笔触和卓越的艺术技巧辛勤创作了"世界文学中第一流的作品"，因此被列宁称颂为具有"最清醒的现实主义"的"天才艺术家"。主要作品有长篇小说《战争与和平》、《安娜·卡列尼娜》、《复活》等。他的作品描写了俄国革命时的人民的顽强抗争，因此被称为"俄国十月革命的镜子"。

课文再现

《随身带着笔记本》讲述了托尔斯泰良好的写作习惯：托尔斯泰坚持天天写日记，他总是随身带着日记本，把看到的想到的都详细地记录下来，为写作积累素材。

小记者多多有话说 <<<<<

大家好！我是校报的小记者多多，通过这篇课文的学习，我们知道俄国伟大的作家托尔斯泰早就为我们树立了爱学习的榜样。他一定还有很多值得我们学习的地方吧？是不是想更多地了解他呢？那就到我的资料库看看吧！

课外链接

除了会写小说你还能干什么

在一个谈笑风生的场合，有人话赶话地调侃托尔斯泰：除了会写小说你还能干什么？

当时在场的人都觉得这句玩笑话说得过分了，而且也不是事实。年近花甲的托尔斯泰并没有对朋友的嘲讽还嘴，一声不吭地回到家里，就忙起来了。他的工作间紧挨着他的书房，当中一张大木台子上摆放着榔头、钳子、钢锯、锉刀等工具，墙上挂着干活儿时围的围裙。他为回应朋友的调侃，亲手制作了一双漂亮而结实的高靿牛皮靴，郑重地送给了大女婿苏霍京。

苏霍京哪舍得将这么珍贵的礼物穿在脚上，便将皮靴摆上了书架。当时《托尔斯泰文集》已经出版了12卷，他给这双皮靴贴上标签：第13卷。此举在文化圈里立刻传为佳话。托翁知道后哈哈大笑，并说：那是我自己最喜欢的一卷。

托翁乘兴又做了一双半高靿牛皮靴，送给了好友诗人费特。费特灵机一动，当即付给托尔斯泰6卢布，并开了一张收据：《战争与和平》的作者列夫·尼古拉耶维奇·托尔斯泰伯爵，按鄙人订货，制成皮靴一双，厚底，矮跟，圆靿。今年1月8日他将此靴送来我家，为此收到鄙人付费6卢布。从翌日起鄙人即开始穿用，足以说明此靴手工之佳。空口无凭，立字为证。1885年1月15日。后面还有费特的亲笔签名，并加盖了印章。

1.托翁的工作间紧挨着他的书房，里边都放了些什么？

2.这个故事里，托翁做的靴子送给了谁？

_____

_____

小记者**多多**的采访笔记

艺术是精神的标记，行为体现了一个人的思想面貌。托尔斯泰，是全人类的骄傲，其精神之丰富、深邃和博大，为世人所叹服。况且他出身贵族，可以顺理成章地当个令现代人无比羡慕的精神贵族。而最让托翁深恶痛绝的也正是这种贵族意识。

列宁称在托尔斯泰这位伯爵以前的文学里，就没有一个真正的农民。他比国家废除农奴制早4年就解放了自己庄园里的农奴，到82岁时还离家出走，想去当个农民，过一种自食其力的生活。

车站搬运工

一次，托尔斯泰正在火车站的站台上慢慢走着，忽然，一位女士从列车车窗冲他直喊："老头儿！老头儿！快替我到候车室把我的手提包取来，我忘记提过来了。"

原来，这位女士见托尔斯泰衣着简朴，还沾了不少尘土，把他当作车站的搬运工了。

托尔斯泰没说什么，而是急忙跑进候车室拿来提包，递给了这位女士。

女士感激地说："谢谢啦！"然后随手递给托尔斯泰一枚硬币，"这是赏给你的。"

托尔斯泰接过硬币，瞧了瞧，装进了口袋。

正巧，女士身边有个旅客认出了这个风尘仆仆的"搬运工"，就大声对女士叫道："太太，您知道您赏钱给谁了吗？他就是列夫·托尔斯泰呀！"

"啊！老天爷呀！"女士惊呼起来，"我究竟干了什么事呀？"托尔斯泰先生！托尔斯泰先生！看在上帝的面上，请别计较！请把硬币还给我吧，我怎么会给您小费，多不好意思！我这是干出什么事来啦？"

"太太，您干吗这么激动？"托尔斯泰平静地说，"您又没做什么坏事！这个硬币是我挣来的，我得收下。"

汽笛再次长鸣，列车缓缓开动，带走了那位惶惑不安的女士。

托尔斯泰微笑着，目送列车远去，又继续他的旅行了。

1.托尔斯泰在车站是去做搬运工吗？

_____

_____

2.那位女士为什么惶惑不安地离开了？

_____

_____

小记者的采访笔记

　　伟大的精神塑造伟大的劳动，强有力的劳动培养强有力的精神，正如钻石研磨钻石。本是伟大作家的托尔斯泰，却用自己的一生证实：体力劳动是高贵而有益的。轻视体力劳动，只能说明精神贫弱，思想空虚。

　　我们也应该从现在开始，热爱劳动，尊重体力劳动者，身体力行，成为一名合格的祖国建设者和接班人！

雨果

名人简介

　　维克多·雨果（1802—1885），法国浪漫主义文学的重要代表，法国文学史上伟大的作家之一，法国文学史上卓越的资产阶级民主作家，被人们称为"法兰西的莎士比亚"。雨果的创作可分为三个阶段。1820—1827年为第一阶段，这一时期他在文学上受古典主义和夏多勃里昂影响较深。1827—1848年是第二阶段，这时期他写有剧本《克伦威尔》和《欧那尼》，还有长篇小说《巴黎圣母院》。1841年，雨果当选法兰西学院院士。1848年后为第三阶段，这一时期的主要作品，有诗歌《惩罚集》（1853）、《静观集》（1856）。

课文再现

　　《巧问妙答》（人教版六年级下册回顾·拓展）讲述了雨果与出版商之间发生的小故事：雨果写信给出版商询问《悲惨世界》书稿的问题，只写了一个"？"，意思是为什么还不出版呢。出版商回信的时候只写了一个"！"，意思是："快了，这是一部轰动世界的著作！"

小记者多多有话说 <<<<

　　大家好！我是校报的小记者多多，学习了这篇课文，我们知道了大作家雨果还是个很幽默的人。那么他只靠幽默就能成为大作家吗？他还有哪些值得我们学习的地方呢？我准备了很多资料，快跟我一起去了解他吧！

雨果与巴黎圣母院

许多人因为读了雨果的小说，或是看过改编的同名电影，才知道了巴黎圣母院。

雨果在一次造访巴黎圣母院时，偶然发现圣母院两座塔楼之一的一个暗角上，有人在墙上刻了两个大写的希腊文"命运"。这两个字顿时使雨果产生了极大的兴趣，并引起了他深深的思考：是谁

有了这样的思索，才有了后来的大作的问世。

会在这样的地方刻下这两个字，这两个字里究竟蕴涵了怎样的悲哀和不幸？于是，始终处于激动之中的雨果，以巴黎圣母院为背景，展开了大胆的想象，终于为世人塑造出美丽热情而且心地善良纯洁的吉卜赛少女埃丝梅拉达，面容丑陋但心灵高洁、敢跟邪恶与阴谋作斗争的圣母院敲钟人卡西莫多以及看似道貌岸然、一表人才，实际上却被淫欲唤醒、卑鄙无耻的副主教克洛德·弗罗洛等栩栩如生的人物形象。正是通过这样一些独具魅力的艺术形象，雨果充分揭示了中世纪欧洲教会的黑暗，并在其中寄托了自己对理想与正义的不懈追求，从而使《巴黎圣母院》成为道义与良知的象征，成为纯洁与善良的所在，成为信仰与追求的寄托，成为对"恶"的鞭挞和对"美"的讴歌的形象化的见证。

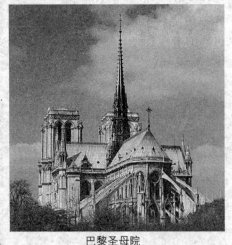
巴黎圣母院

记得曾有人说过，夕阳下的圣母院是最美的，是巴黎著名的一景。在灿烂的晚霞映照下，高高耸立的巴黎圣母院正面那两座雄伟的塔楼，就像两座山峰直插云霄，更显得英俊挺拔、气宇轩昂。法兰西杰出的传记大师莫洛亚当年在给雨果写传记时，说过这样一句话："时间可以淹没大海，但淹没不了高峰。"是的，作为建筑史和文学史上的两座高峰，巴黎圣母院和雨果之间实现了一次伟大的交相辉映，他们彼此因为对方而不朽，并同时载入了人类艺术史的史册。

1.雨果在巴黎圣母院塔楼的暗角上，看到了什么使他产生了极大的兴趣？

_____

_____

2.雨果以巴黎圣母院为背景，塑造的美的化身是谁？

_____

_____

小记者多多的采访笔记

　　没有谁会不欣赏美的东西，所以没有谁不欣赏伟大作家雨果的作品，尤其是他的《巴黎圣母院》，已经成为道义与良知的象征，成为纯洁与善良的所在，成为信仰与追求的寄托，成为对"恶"的鞭挞和对"美"的讴歌的形象化的见证。在美学著作里，都会把这部作品作为典型的例子来分析，可见雨果不仅为文学作出了重大贡献，对新兴的美学也同样功不可没。

　　我们正在求学的阶段，有许多的知识等待我们去学习，有许多的技能等待我们去掌握，有许多的艺术作品等待我们去赏鉴，所以，让我们循着前人成功的脚印，继续努力吧！

少年雨果的鼓励奖

1817年8月下旬的一天，维克多·雨果的大哥阿贝尔带着两个朋友走进屋来。

"来这里，傻瓜！"阿贝尔向弟弟喊。

维克多走上前，对大哥没头没脑地吼叫有些迷惑不解。

"你真会瞎扯。你把这类废话写在诗里干什么？谁问你的年龄来着？学士院以为你在骗人，否则的话你倒得了大奖了。笨弟弟，你只得了鼓励奖。"阿贝尔拍着维克多的肩膀说。

事情的经过是这样的：法兰西学士院举办文学大赛，15岁的维克多·雨果得知消息后，写了首327行的长诗《学习之益》参加比赛。学士院的院士们对这首诗很赞赏，准备给予九等奖，但有个老院士在诗中发现两句："总远避都市和宫廷喧嚣的我，只见了三倍五年的时光流过。"

"呀，这诗的作者只有15岁，怎么能写这样长的好诗呢？如果有抄袭，我们的评奖就会威信扫地。为稳妥起见，我想只能给予表扬。"那位院士指着这两句诗说。

雨果像

经过一番讨论，大部分院士同意了那位老院士的提议。学士院终身秘书在维克多诗作的空白处批上如下字句："如果他真的只有这么小的年龄，学士院应予年轻人以鼓励。"

其实，老院士的担心是多余的。雨果受母亲影响，从小就博览群书，对文学产生了强烈的兴趣。12岁时，他开始写诗，母亲就是他的第一个读者，还不时命题让他习作。在母亲的鼓励下，维克多在科蒂埃寄宿学校读书时，就写下了十几本诗稿。他还和二哥一起组织学生自编自导自演戏剧，维克多被公认为是最有才干的编导。所以，他获奖是情理之中的事。

随着写作热情的高涨，少年维克多从对文学自发的兴趣发展到自觉的追求。他14岁时，在日记中写道："不做夏多布里昂，我誓不为人！"（夏多布里昂是当时法国文坛上著名的浪漫主义作家）年少的雨果面对当时的权威，没有一点自卑，发誓要赶上他。

> 这种蓬勃向上、志存高远的精神让人敬佩。

雨果以自己长期不懈的努力实现了自己的誓言。他在戏剧、诗歌、小说等方面取得了卓越的成就，获得了崇高的声誉，成为法国积极浪漫主义的代表作家，其成就大大超出了自己少年时代的偶像。

小记者多多考考你

1.雨果的哥哥为什么称他"傻瓜"？

_____

_____

2.雨果少年时代的偶像是谁？

_____

_____

小记者多多的采访笔记

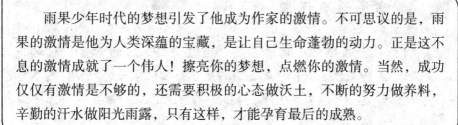

雨果少年时代的梦想引发了他成为作家的激情。不可思议的是，雨果的激情是他为人类深蕴的宝藏，是让自己生命蓬勃的动力。正是这不息的激情成就了一个伟人！擦亮你的梦想，点燃你的激情。当然，成功仅仅有激情是不够的，还需要积极的心态做沃土，不断的努力做养料，辛勤的汗水做阳光雨露，只有这样，才能孕育最后的成熟。

马克·吐温

名人简介

　　马克·吐温（1835—1910），原名萨缪尔·兰亨·克莱门斯，美国批判现实主义文学的奠基人，世界著名的短篇小说大师。其主要作品有短篇小说《竞选州长》（1870）、《哥尔斯密的朋友再度出洋》（1870）等，长篇小说《哈克贝里·费恩历险记》（1886）及《傻瓜威尔逊》（1894）等。他还写有一些游记、杂文、政论，如《赤道环行记》（1897）等。他曾被誉为"文学史上的林肯"。

课文再现

　　《文豪与蚊子》（人教版六年级下册回顾·拓展）讲述马克·吐温机智防蚊的故事：

　　马克·吐温住店，得知此地蚊子很多，便巧妙地通过蚊子的事情，让服务员特意记住他的房间号码，为自己的房间做好了防蚊虫的工作。

小记者多多有话说 <<<<<

　　嗨！我是校报的小记者多多，通过这篇课文的学习，我对马克·吐温更加敬佩了。他一定还有许多值得我们学习的地方，想不想更多地认识这位大作家呢？感兴趣的同学们快跟我一起去进一步了解他吧，出发喽！

马克·吐温与众不同的惩罚

马克·吐温是一个很特别的作家，也是一个很特别的父亲。他的惩罚方式非常新鲜有奇，同时也非常有效果。

马克·吐温有3个女儿，他是一个非常慈爱的父亲，他把女儿们看作掌上明珠，家中常常充满了笑声，洋溢着温馨。从女儿们开始懂事时，每当他写作累了，就叫来女儿们，让她们坐在自己的椅子扶手上，给她们讲故事。故事的题目由女儿们选择，她们常不假思索地拿起画册，让父亲根据上面画的人或动物即兴编故事。马克·吐温虽然可以毫不费力地编出一段生动的故事来，但是每次他都非常认真，从不敷衍。

> 恰如其分的惩罚更有利于儿童的成长。

不过，孩子们有了过失，马克·吐温也决不姑息，他会让她们记住教训，不再重犯。只是，马克·吐温惩罚孩子们的方式与众不同。有一次，马克·吐温夫妇带着孩子们到农庄度假，一家人坐在堆满干草的大车上，晃悠悠地向郊外驶去，一路上饱览着美丽的田园风光，这是女儿们向往已久的事了，因此她们一路上唧唧喳喳说笑个不停。可是就在大车出发后不久，不知出了什么差错，大女儿苏西动手把妹妹克

马克·吐温故居

拉拉打得哇哇大哭。事后，苏西主动向母亲承认错误，但是按照马克·吐温制定的家规，苏西必须受到惩罚。惩罚的方式还要女儿自己提出来，母亲同意后，就可以施行。苏西提出几种惩罚办法，包括她最不情愿受到的惩罚——不坐干草车旅行。犹豫了老半天，苏西终于下了决心对母亲说："今天我不坐干草车了，这会让我永远记住，不再重犯今天的错误。"马克·吐温非常明白女儿为自己决定的受罚方式对她究竟有多大的分量，他后来在回忆这件事时说："并不是我让苏西做这件事的，但想起可怜的苏西失去了坐干草车的机会，至今仍让我感到痛苦。"

1.马克·吐温是个合格的父亲吗？为什么？

_____

_____

2.苏西为什么受到惩罚？

_____

_____

小记者多多的采访笔记

　　每个做家长的都愿意奖励自己的孩子，可是孩子如果有错误时怎么办呢？马克·吐温在孩子有了过失时，决不心软，他会让她们记住教训，不再重犯。规定惩罚的方式还要她们自己提出来，征得母亲同意后，才可以施行。这就是马克·吐温新奇的教育方法。

　　同学们从这个故事中也一定受到了启发，当我们犯了一些错误时，如果要受到惩罚，那我们该怎样面对这种惩罚呢？

计　谋

　　马克·吐温小时候，有一天因为逃学，被妈妈罚去刷围墙。围墙比他的头顶还高出许多。

　　他把刷子蘸上灰浆，刷了几下。刷过的部分和没刷的相比，就像一滴墨水掉在一个球场上。他灰心丧气地坐下来。 他的伙伴桑迪提了只水桶跑过来。"桑迪，你来给我刷墙，我去给你提水。"马克·吐温建议。

　　桑迪有点动摇了。

> 前边的计谋是不成功的，要换个策略了。

　　"还有呢，你要答应，我就把我那肿了的脚趾头给你看。"马克·吐温说。

　　桑迪禁不住诱惑了，好奇地看着马克·吐温解开脚上包的布。可是，桑迪到底还是提着水桶拼命跑开了——妈妈在瞧着自己呢。

　　马克·吐温又一个伙伴罗伯特走来，还啃着一只甜脆多汁的大苹果，引得马克·吐温直流口水。

　　突然，马克·吐温十分认真地刷起墙来，每刷一下都要打量一下效果，活像大画家在修改作品。

　　"我要去游泳，"罗伯特说，"不过我知道你去不了。你得干活，是吧？"

　　"什么？你说这叫干活？"马克·吐温叫起来。"要说叫干活，那它正合我的胃口，哪个小孩能天天刷墙玩呀？"马克·吐温装作卖力地刷着，一举一动都显得特别快乐。

　　罗伯特看得入了迷，连苹果也不那么

大文豪马克·吐温

有味道了。"嘿，让我来刷刷看。""我不能把活儿交给别人。"马克·吐温拒绝了。"我把苹果给你，你就让我刷刷吧。"罗伯特开始恳求。"我倒愿意，不过……"马克·吐温故意犹豫道。

"我再给你一个苹果！"

马克·吐温终于把刷子交给了罗伯特，坐到凉快的地方吃起苹果来。看罗伯特为这得来不易的权利努力刷着。一个又一个男孩子从这里经过。他们本来高高兴兴想去度周末，但个个都想留下来刷墙。

马克·吐温为此收到了不少交换物：一只独眼的猫，一只死老鼠，一块石头，还有四块橘子皮。

1.在罗伯特想要帮马克·吐温刷墙时，他同意了吗？

_____

_____

2.马克·吐温让那么多男孩子都中了他的计谋，他靠的是什么？

_____

_____

小记者多多的采访笔记

　　良好的心态是快乐学习和工作的基础。在现实生活中，随着信息更新速度的加快，我们的学习压力也越来越大，如果我们能够及时调整好自己的心态，跟上快速发展的社会需要，那么，我们就能在学习中获得快乐。

海伦·凯勒

名人简介

　　海伦·凯勒（1880—1968），19世纪美国盲聋女作家、教育家、慈善家、社会活动家。幼时患病，两耳失聪，双目失明，但她以自强不息的顽强毅力，在安妮·莎利文老师的帮助下，掌握了英、法、德等5国语言。完成了她的一系列著作，并致力于为残疾人造福，建立慈善机构，被美国《时代周刊》评为"美国十大英雄偶像"，她的精神受人们崇敬。1964年获得美国公民最高的荣誉——"总统自由勋章"。次年又被选为世界十大杰出女性之一。主要著作有《假如给我三天光明》、《我的生活》、《我的老师》等。

课文再现

　　《海伦·凯勒》（苏教版五年级下册）讲述了海伦·凯勒学习生涯的艰辛和其坚强的意志：海伦·凯勒小时候因为生病双目失明，且两耳失聪。后来得到莎利文老师的悉心教导，慢慢学习盲文和写作，之后凭着自己的努力上了哈佛大学。她的精神感动了整个世界。

小记者多多有话说 <<<<

　　嗨！我是校报的小记者多多，读了这篇课文，我对身残志坚的海伦·凯勒更加敬佩了。她的生活和学习经历中有过什么样的挫折呢？她又是如何面对这些挫折的？同学们跟我一起去了解她吧！

聪明伶俐的小·海伦·凯勒

海伦·凯勒天生聪明伶俐，出生不到六个月，便能清楚地说出"tea"（茶）等几个单字，对周围事物的感觉更是敏锐。

刚满周岁那年，一天傍晚，母亲趁太阳西下以前，放了一盆热水为海伦·凯勒擦洗身子。可是，当母亲自浴盆把海伦·凯勒抱了起来，放在膝盖上，正想拿条大毛巾替她包裹身子的时候，海伦·凯勒的目光，突然被地板上摇晃不定的树影给吸引了过去。她好奇地看着，看得很入神，眼珠子动也不动一下，而且还忍不住伸出小手扑了过去，好像非得揪住它不可。

当时，母亲虽然已经注意到海伦·凯勒的眼神，但是看在母亲的眼里，树影不过是平常又自然的现象，没什么好大惊小怪的。所以，她万万没有想到海伦·凯勒会使出这么大的劲儿往前倾，结果不小心一溜手，竟让海伦·凯勒滑倒在地，海伦哇哇大哭个不停。母亲知道女儿受了惊吓，飞快地将海伦·凯勒搂进怀里，哄了好一阵子，海伦·凯勒才安静了下来。

海伦与老师在一起

时隔不久，母亲一个人静静回想这件事情发生的经过时，她发现海伦·凯勒的观察力似乎特别灵敏。通常一个周岁大的婴儿，应该是懵懵懂懂的，对什么事情都没有试图深入了解的倾向，可是海伦·凯勒却独有细腻的心思，甚至于想用自己的肢体去感受变化的奇妙。当然，跟大人比起来，海伦·凯勒的表现并不成熟，如果跟其他的婴孩相比，可就不能不算特殊了。

而为人父母，能幸运地生下一个小孩，当然是感到自豪啰！每逢亲朋好友到家里做客，不谈起女儿也就罢了，一旦话题转到海伦·凯勒身上，母亲满心的喜悦，就会自然而然地从言谈中流露出来。

> 父母曾为海伦·凯勒到骄傲。

但是这份喜悦到底能持续多久呢？当父母亲正憧憬海伦·凯勒美好未来时，海伦·凯勒却莫名其妙生了一场大病，这场大病不但夺走了父母心中的希望，更使海伦·凯勒变成一个看不见也听不见的孩子，而且她脾气变得暴躁起来！

可怜的海伦·凯勒，该如何去面对一个没有光线、没有声音的世界呢？

小记者多多考考你

1. 哪些地方体现了小海伦具有敏锐的观察力？

_____

_____

2. 海伦·凯勒为什么失明了和失聪？

_____

_____

小记者多多的采访笔记

命运有时候是不公平的，它让某些人生来残疾，或失去光明，或永远生活在无声的世界中。命运又是公平的，它从不让天生残疾，但却不懈奋斗的人失望。在巨大的困难面前，一个看不见光明、听不到声音的弱女子尚且能够勇敢地去面对、去战斗，而作为身体健全的我们，在困难面前更不应该退缩，要以顽强的毅力去战胜一切困难！

海伦·凯勒和她的老师

《假如给我三天光明》封面

在海伦·凯勒7岁那年，他们从外地请来受过专门训练的莎利文老师。

莎利文老师跟海伦·凯勒很投缘，她们认识没几天就相处融洽，而且海伦·凯勒还从莎利文老师那里学会了认字。

一天，老师在海伦·凯勒的手心写了"水"这个字，海伦·凯勒不知怎么搞的，总是没法子记下来。老师知道海伦·凯勒的困难处在哪儿，她带着海伦·凯勒走到喷水池边，要海伦·凯勒把小手放在喷水孔下，让清凉的泉水溅溢在海伦·凯勒的手上。接着，莎利文老师又在海伦·凯勒的手心，写下"水"这个字，从此海伦·凯勒就牢牢记住了，再也不会搞不清楚。

不过，莎利文老师认为，光是懂得认字而说不出话来，仍然不方便沟通。可是，从小失明失聪的海伦·凯勒，一来听不见别人说话的声音，二来看不见别人说话的口型，所以，尽管她能说话，但却没办法说。

为了克服这个困难，莎利文老师替海伦·凯勒找了一位专家，教导她利用双手去感受别人说话时口型的变化，以及鼻腔吸气、吐气的不同，来学习发音。当然，这是一件非常不容易的事，不过，海伦·凯勒还是做到了。

> 海伦·凯勒在老师的帮助下凭借自己的毅力学会了说话。

盲人作家海伦·凯勒，除了突破官能障碍学会说话，更奉献自己的一生，四处为残障人士演讲，鼓励他们肯定自己，立志做一个身残志不残的人。海伦·凯勒这份爱心，不但给予残障人士十足的信心，更激起世界各国正视残障福利，纷纷设立服务机构，帮助他们健康快乐地生活。

小记者多多考考你

1.莎利文老师是怎样教海伦·凯勒认识"水"这个字的？

_____

_____

2.海伦·凯勒四处为残障人士演讲的目的是什么？

_____

_____

小记者多多的采访笔记

如果海伦·凯勒屈服于不幸的命运，那么她将成为一个可怜而又愚昧的寄生者。然而她没有向命运低头，她以惊人的爆发力、顽强的精神，走完了自己的人生道路，为人类作出了巨大的贡献，成为一个知识广博、令天下人尊敬的人。

感谢海伦·凯勒，她给了每一个身处困境、看不到希望的人勇气，也为所有奋斗的人树立了榜样。她告诉我们：没有卑微的命运，只有卑微的人。就算处在人生的低谷，只要人还在，心还在，希望就在！

司马迁

名人简介

　　司马迁（约前145或前135—？），字子长，夏阳（今陕西韩城南）人。西汉著名史学家、文学家和思想家。汉武帝元封三年（公元前108年）继父职，任太史令，博览皇家珍藏的大量图书、档案和文献。在《史记》草创未就之时，因替投降匈奴的李陵辩解，被捕入狱，受腐刑。出狱后，任中书令（掌管皇家机要文件），发愤著书，完成了我国最早的通史《史记》。鲁迅评价其作品为"史家之绝唱，无韵之《离骚》！"

课文再现

　　《司马迁发愤写史记》（苏教版五年级下册）讲述的是：司马迁因李陵案受到牵连，被汉武帝处以腐刑，但他坚强不屈，忍辱负重，就算被世人误解为苟且偷生也要完成著述《史记》。

小记者多多有话说 <<<<

　　嗨！我是校报的小记者多多，读了这篇课文，我对司马迁更加敬佩了。他还有哪些值得我们学习的地方呢？同学们快来跟我一起去进一步了解他吧！

读万卷书，行万里路

司马迁生于史官世家，祖先自周代起就任王室太史，掌管文史星卜。父亲司马谈在汉武帝即位后，任太史令达30年之久。司马谈博学善思，精通天文、《易》学和黄老之学。司马迁10岁起诵读古文，并接受其父的启蒙教育。渊源久长的家学对他后来治学道路有深

司马迁画像

刻的影响。后随父去长安，同当时著名经学大师孔安国、董仲舒学习《古文尚书》和《春秋》。19岁为补博士子弟。20岁随博士褚太等六人循行天下，开始了他的游历生活。他到过会稽，访问夏禹的遗迹；到过姑苏，眺望范蠡泛舟的五湖；到过淮阴，访求韩信的故事；到过丰沛，访问刘邦、萧何的故乡；到过大梁，访问夷门，并考察秦军引河水灌大梁的情形；到过楚，参观春申君的宫殿遗址；到过薛地，考察孟尝君的封邑；到过邹鲁，拜仰孔孟的家乡。此外，他还北过涿鹿，登长城，南游沅湘，西至崆峒。这些游历使他开阔了眼界，增长了知识。回到长安后，汉武帝对这个广闻博识、学问丰富的年轻人十分重视，封他为郎中，让他带着皇帝的命令出使巴蜀，到达今天昆明一带的西南地区。

丰富的实践经验是司马迁成功的另一大因素。

元封元年，汉武帝封泰山，司马谈以职任太史公而不能从行，愤懑而死。临终前他难过地对司马迁说："我死以后，你必为太史。做了太史，莫忘了我的遗愿。今大汉兴盛，海内一统，上有明主贤君，下有忠臣义士。我身为太史，而未能记载，愧恨不已。你一定要完成我未竟之业！"司马谈死后，司马迁继任父职为太史令，使他有机会读遍皇家藏书处石室金柜收藏的文史经籍、诸子百家，及各种档案史料。

1.司马迁在长安曾随哪几位老师学习？

_____

_____

2.司马迁奉皇帝的命令出使过哪里？

_____

_____

小记者多多的采访笔记

古人讲，既要"读万卷书"，又要"行万里路"。这在一定程度上揭示了人才成长的规律。"读万卷书"，是知识学问的博览；"行万里路"，是实践经验的积累。"读万卷书"和"行万里路"，是人生不可或缺的两个重要组成部分。光"读万卷书"，不"行万里路"，那就只能是纸上谈兵。想得很高，策划得很好，但一到实际操作和生活中，往往处处碰壁。只"行万里路"，不"读万卷书"，那就更难成大事。所以，"读万卷书"是我们所需要的，"行万里路"也是我们所需要的。只有把"读万卷书"和"行万里路"紧密结合起来才能成大事。

司马迁10岁开始诵古文，20岁开始游历，到处考察风俗，采集传说，为完成史学巨著《史记》打下了坚实的基础，知识才能化为力量，才能变成财富。

力求真实的写作态度

司马迁撰写《史记》，态度严谨认真，并且具有实录精神。他写的每一个历史人物或历史事件，都经过了大量的调查研究，并对史实反复作了核对。司马迁早在20岁时，便离开首都长安遍踏名山大川，实地考察历史遗迹，了解到许多历史人物的逸闻轶事以及许多地方的民俗风情和经济生活，开阔了眼界，扩大了胸襟。

> 丰富的书本知识和实践经验是司马迁写作《史记》的基础。

司马迁要坚持"实录"精神，就必须面对现实、记录现实，这就不可避免地会发生"忌讳"的问题。可是他在给人物写传记时，并不为传统历史记载的成规所拘束，而是按照对历史事实记录。从最高的皇帝到王侯贵族，到将相大臣，再到地方长官，等等，司马迁当然不会抹杀他们神奇、光彩的一面，但突出的是他们的腐朽、丑恶以及对人民的剥削和压迫，尤其揭露了汉代统治阶级的罪恶。

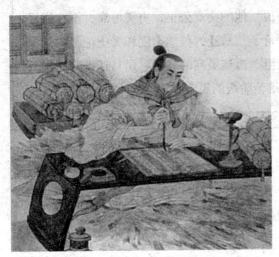

写作中的司马迁

他虽是汉武帝的臣子，但对于汉武帝的过失，司马迁丝毫没有加以隐瞒，他深刻揭露和批判了当时盛行的封禅祭祖、祈求神仙活动的虚妄。在《封禅书》中，他把汉武帝迷信神仙、千方百计祈求不死之药的荒谬无聊行为淋漓尽致地描绘了出来。

1.司马迁是从什么时候开始自己的游历生活的？

_____

_____

2.司马迁坚持实录会面临什么问题？

_____

_____

小记者多多的采访笔记

　　为了得到最真实的素材，司马迁走遍万水千山，以最近的距离去接触每一个历史人物，我们今天才得以将《史记》奉为历史真实公正的范本。汉朝的历史学家班固曾评价司马迁"其文直，其事核，不虚美，不隐恶，故谓之实录"。也就是说，他的文章公正，史实可靠，不空讲好话，不隐瞒坏事。这便高度评价了司马迁的科学态度和《史记》的记事翔实。从地方长官，到将相大臣，再到最高的皇帝，司马迁批判起来都毫不留情，真实地揭露了汉朝统治阶级的黑暗。

王安石

名人简介

　　王安石简介 (1021—1086)，字介甫，号半山。封荆国公，世称王荆公。谥文，又称王文公。抚州临川（今属江西）人。北宋政治家、文学家、思想家，"唐宋八大家"之一。宋神宗熙宁二年（1069）任参知政事，次年拜相。在宋神宗的支持下，制定并推行农田水利、青苗、均输、免役、市易、方田均税以及置将、保甲、保马等新法，使国力有所增强。后因保守派反对，辞相退居江宁。王安石的诗歌创作在扫清西昆影响、开创宋诗局面的过程中，起了很大作用。

课文再现

　　《千锤百炼为一"绿"》讲述了王安石炼字的故事：王安石回京为官的时候泊船瓜洲，触景生情，写下了名为《泊船瓜洲》的诗篇，其中有一句为"春风又绿江南岸"，其中的"绿"字为千锤百炼而得来。

小记者多多有话说 <<<<

　　同学们好！我是校报的小记者多多，学习了这篇课文，我们知道了政治家王安石是个伟大的诗人。他还有哪些值得我们学习的地方呢？同学们也跟我一起去了解他吧！

课外链接

拆洗王安石

王安石不但是一位政治家，还是一个大孝子。

一天，他正与神宗皇帝商讨变法之事，老仆王成突然跑来，禀报王安石的老母在老家江西病逝。已经43岁的王安石听到噩耗，顿时就像个孩童一样号啕大哭。神宗被王安石的孝心感动，当即准假一个月，让他回去奔丧。

一路上，风餐露宿，马不停蹄，千里之遥，两日赶回。只见家门前白幡高挂，院里灵堂肃穆森然，皓首慈母已躺在灵堂正中的棺材里。王安石泪如雨下，哭昏过去几次。

到了天黑掌灯时辰，亲朋们劝水米未进的王安石回后堂卧室歇息。王安石挥手谢过，然后晃晃悠悠走出门外，抱回一捆柴草铺在母亲灵柩前，他要守灵看护。任何人不得打扰他，这一守就是十来天。

一天，从京城来了一队快马，马到王宅门前，一个身着官衣的信使大步流星走进大厅，他左右环顾一周，见灵堂空荡荡，静悄悄空无一人。信使正要呐喊，只见从灵柩旁的一堆柴草里爬起一位面色黑黄，身材枯瘦，破旧的衣裳和花白头发上挂着草屑柴枝的老头儿。信使以为此人必是王府看门守院的下人，就招手叫道："老头儿，过来！请把此信呈交王相爷，我们还要赶路。"

老头儿也不说话，接过信封，扯开信封就掏信纸。信使吓了一跳，急得大声吼叫起来："哎哟，这是皇上给王相爷的信，你这老家伙怎敢……"

灵堂外的人听见了，就跑了进来对他说："你真是有眼不识泰山，这就是王安石王相爷呀！"

信使吓得双腿一软跪在地上："宰相大人……我……我长的是狗眼……猪眼……"

王安石一边看信，一边挥手："快去办你的差吧，别在这儿耽误工夫啦。"

王安石虽官居一品,学富五车,但在平日生活之中却是个十分不讲究甚至邋遢的人。

有一次,他和同僚王禹玉等一起去朝见神宗皇帝。此时正值春末夏初,天气开始转暖,一缕阳光从大殿外射进,正照在王安石的衣襟上。这时一只小虱子从他的衣领里顺着衣襟爬上了他的长长的胡须。神宗看见了这只闪闪发亮的虱子,他忍住笑,看了正在禀奏的王禹玉一眼,王禹玉随着皇帝的目光转过身也看见了。可王安石还一点不知,仍一本正经地听王禹玉的汇报。王禹玉咬紧下唇,忍着就要发出的笑声。

"怎么?说完啦?"王安石眼盯着王禹玉问道。

王禹玉忙说:"还有些琐杂之事,待下朝后跟您面谈。"

神宗可找到了台阶,忙宣布:"今日议事至此,退朝。哈哈……"

王安石见皇帝哈哈大笑,不明就里,刚要发问却被王禹玉一把拉出皇宫,指着王安石的胡须笑得喘不上气来,在外等候的仆人王成一见主人胡子上的虱子抬手就要抓住,被王禹玉一把挡住说:"不可,不可,此虱来头不小,我要颂扬它一番。"王安石尴尬地笑道:"怎么颂扬?有何来头?"王禹玉忍着笑道:"屡游宰相须,曾经皇帝览。"话未说完,三人都笑得前仰后合。

王安石的生活全凭夫人吴氏照顾,如果吴氏不在身旁,他甚至一两个月不知洗澡换衣。这时便有几个好友相约,将他衣服扒下推入澡盆"清洗一下",所以每到这个时候,朋友们就开玩笑说:"又该拆洗王安石了。"

小记者多多考考你

1. 你认为同僚王禹玉所说的琐杂之事是什么事?

_____

_____

2. 这个故事说明了王安石什么样的品格?

_____

_____

小记者多多的采访笔记

　　我们在读完故事后，肯定会说，这个宰相也太不讲卫生了吧。是啊，整天为了政务费心劳神，连休息的时间都没有，哪里有时间去洗澡呢？这让我想到史记《鸿门宴》里的一句话"大行不顾细谨，大礼不辞小让"，大概意思是说做大事的人不必太在意细枝末节。

　　从另一个角度来说，我们现在的社会分工明确，每一项工作都由许多人合作完成，不会再出现封建社会里累死宰相的现象。所以我们也更应该努力做好自己该做的事，但也要讲究卫生，爱护身体。

王安石待客

　　王安石做宰相的时候，儿媳妇家的亲戚萧氏子到了京城，去拜访王安石，王安石邀请他吃饭。第二天，萧氏子穿盛装出席，以为王安石必定会以盛宴相待。到了中午的时候，觉得很饥饿，但不敢离去。又过了很久，王安石才下令入座。菜肴都没有。萧氏子心里暗暗责怪王安石。喝了几杯酒，才上了两块胡饼，又上了四份切成块的肉。一会儿就上饭了，旁边只安置了菜羹。萧氏子很骄横放纵。只吃胡饼中间的一小部分，把四边都留下。王安石把剩下的四边取来自己吃，萧氏子感到很惭愧，便回去了。

　　从这件事中，我们可以看到王安石的品质，他不屑与那些酒囊饭袋的小人亲近，萧氏子虽人品不坏，但似乎是一个嫌贫爱富、阿谀奉承的人，王安石以自己的行为绝妙地讽刺了那些贪名贪利的人，即使对方是自己的亲戚他也不失原则，嗤之以鼻。

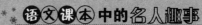

1.萧氏子为什么穿盛装出席?

_____

_____

2.通过这件事我们学到了什么?

_____

_____

小记者多多的采访笔记

　　中国自古就是礼仪之邦,但绝不是浪费之国,比如,王安石招待那个气焰嚣张的萧氏子时,就以最简单的方式招待,并且还把萧氏子吃胡饼时留下的四边,取来吃掉。你有没有不节俭浪费的时候呢?你是不是也曾像那萧氏子一样穿衣服要穿名牌,吃东西时任意浪费呢?这样做无非是要让大家瞧一瞧:我是多么的富有,可以随便乱花钱而不用担忧,我是多么的潇洒!像这样铺张浪费来显示自己的潇洒难道不可悲吗?如果有过,我想,读了这个故事,你一定会改的,对吗?

鲁 迅

名人简介

　　鲁迅（1881—1936），原名周樟寿，后改名周树人；字豫山，后改为豫才。浙江绍兴人，现代著名文学家、思想家和革命家。1918年5月，首次以"鲁迅"作笔名，发表了中国现代文学史上第一篇白话小说《狂人日记》。"五四"运动前后，参加《新青年》杂志工作，抨击封建文化。后参加中国左翼作家联盟，宣传马克思主义文艺理论，在中国共产党领导下，粉碎了反动派的文化"围剿"。1936年初，响应共产党的号召，参加文化界的抗日民族统一战线。1936年10月19日病逝于上海。著作主要以小说、杂文为主，代表作有：小说集《呐喊》、《彷徨》，历史小说集《故事新编》，散文集《朝花夕拾》，散文诗集《野草》，杂文集《坟》、《热风》等。

课文再现

　　《我的伯父鲁迅先生》（人教版六年级上册）通过鲁迅的侄女回忆了一些关于鲁迅的事情：作者回忆起小时候鲁迅给自己讲《水浒》，给自己送书，给拉车的人救治伤腿的故事。她认为鲁迅是一位"为自己想得少，为别人想得多的人"。

小记者多多有话说 <<<<

　　同学们好！我是校报的小记者多多，大作家鲁迅那么关心普通人，实在让人敬佩。他是否还有别的优秀品质值得我们学习呢？想知道的同学，就不要犹豫了，跟我一起去进一步了解他吧！

课外 链接

鲁迅珍惜时间的故事

鲁迅的成功，有一个重要的秘诀，就是珍惜时间。鲁迅12岁在绍兴城读私塾的时候，父亲正患着重病，两个弟弟年纪尚幼，鲁迅不仅要经常上当铺、去药店，还得帮助母亲做家务；为不影响学业，他必须做好精确的时间安排。

鲁迅几乎每天都在挤时间。他说过："时间就像

三味书屋

海绵里的水，只要愿挤，总还是有的。"鲁迅读书的兴趣十分广泛，又喜欢写作，他对于民间艺术，特别是传说、绘画，也十分热爱。正因为他广泛涉猎，多方面学习，所以时间对他来说，实在非常重要。他一生多病，工作条件和生活环境都不好，但他每天都要工作到深夜才肯罢休。

在鲁迅眼中，时间就如同生命。"美国人说，时间就是金钱。但我想：时间就是性命。倘若无端的空耗别人的时间，其实是无异于谋财害命的。"

他身体力行，决不会做那些浪费时间的事。

因此，鲁迅最讨厌那些成天东家跑跑，西家坐坐，说长道短的人，在他忙于工作的时候，如果有人来找他聊天或闲扯，即使是很要好的朋友，他也会毫不客气地对人家说："唉，你又来了，

就没有别的事好做吗？"

1.年少的鲁迅要做哪些事？

_____

_____

2.鲁迅关于珍惜时间说过的哪一句话，成为了名言警句？

_____

_____

_____

小记者多多的采访笔记

　　鲁迅那么珍惜时间，是因为他知道时间是人们生命中的匆匆过客，往往在人们不知不觉中，它便悄然而去，不留下一丝痕迹。人们常常在它逝去后，才渐渐发觉，留给自己的时间已经所剩无几。也正是如此，才有了古人一声叹息：少壮不努力，老大徒伤悲。

　　能否把握时间，做时间的主人，往往决定着一个人一生的命运。陶渊明说过："盛年不重来，一日难再晨。及时当勉励，岁月不待人。"人生短短数十秋，想要在如此短的时间内，取得成功，登上人生的顶峰，谈何容易？也正因为如此，珍惜时间就显得异常重要了。

鲁迅理发

鲁迅先生在厦门大学任教期间，经常是几个月才理一次发。有一次，先生走进一家理发店，理发的师傅看见他长发垂耳，衣着寒酸，心中看不起他，便马马虎虎地一理了事。理完之后，先生不动声色，随手抓了一把铜圆，数也不数，直接塞给那师傅，然后经直而去。那师傅接过铜圆一数，发现竟然比牌价多出几倍，一时又惊又喜。

> 鲁迅先生实在是太忙了，他把时间都用在文学创作上了。

过了一段时间，先生又来这家店理发，衣着打扮，一如既往。那师傅认得是上次来的那位"阔佬"，立刻殷勤起来，又是端茶，又是敬烟，理起发来，也是一丝不苟。理完之后，先生不慌不忙掏出一把铜圆，看了一眼牌价，然后小心翼翼地挑出几个，如数付款，一个子儿也不多。理发师傅接过钱来，脸上写满失望之情。先生看在眼里，便笑着说："上次你给我乱剪，我付钱也就乱付；这次你剪得很规矩，我也只好规规矩矩地付钱。"

对于那位势利的师傅，先生既没有大发雷霆、拂袖而去，也没有苦口婆心、谆谆教诲，而是不失时机地幽

鲁迅故居

上一默，让人在一笑之中，若有所悟。

这便是鲁迅先生的可爱之处，玩笑中暗藏玄机，温和中透着睿智。

1.鲁迅先生第一次理发时，理发的师傅为什么马马虎虎地一理了事？

_____

_____

2.理发师傅接过钱来，脸上写满失望之情的原因是什么？

_____

_____

小记者多多的采访笔记

　　我们在社会上经常看到一些冷眼或是听到一些讥讽，遇到这样的情况，我们经常会大发雷霆或拂袖而去，如果这个人是个晚辈，还可能苦口婆心地谆谆教诲一番，可是鲁迅先生却没有这么做，他只是不失时机地幽上一默，让人在笑后，若有所悟。人们常说，鲁迅先生是嬉笑怒骂皆文章，我们从这个故事里，还发现他的玩笑之中，也含教诲。我们敬佩他既因为他以文章为匕首为投枪，直刺敌人的心脏，更因为他对待国民的劣根性，委婉揭示，悉心劝诫。

李 白

名人简介

　　李白（701—762），唐诗人。字太白，号青莲居士，又号"谪仙人"，生于碎叶（今吉尔吉斯斯坦北部托克马克附近）。从25岁起离川，长期漫游各地，天宝初供奉翰林。"安史之乱"时备受流离之苦。762年死于路途之中。所作诗歌多热情奔放，想象丰富，是屈原以来最具个性特色和浪漫精神的诗人，达到盛唐诗歌艺术的颠峰。与杜甫齐名，世称"李杜"。有《李太白全集》。

课文再现

　　《黄鹤楼送别》（苏教版五年级上册）讲述了李白为孟浩然送别的故事：暮春三月，李白在黄鹤楼上为诗人孟浩然送别，写下了脍炙人口的名篇《黄鹤楼送孟浩然之广陵》。于是，这两位大诗人的友情成了千古绝唱。

小记者多多有话说 <<<<<

　　嗨，同学们好！我是校报的小记者多多，读了这篇课文，大诗人李白给我留下了很深的印象。他还有哪些值得我们学习的地方吗？让我们一起走进他的世界吧！

课外链接

泪别汪伦

李白非常喜欢游览名山大川，他多次漫游长江南北，黄河上下。我们伟大祖国的版图上，几乎印满了李白的足迹。那些烂漫的山花发出一阵阵芳香，那些快乐的小鸟"啾啾"地叫着，大自然在李白的眼中充满了诗情画意，是一个千姿百态的世界。一天，他收到一个叫汪伦的人写给他的一封信。信上写着："先生喜欢游玩吗？我们这里有十里桃花。先生喜欢喝酒吗？我们这里有万家酒店。请您来我们皖南泾县玩吧。"李白看了这封邀请信十分高兴，马上收拾行李就向泾县出发。可是到了泾县以后，李白朝四周张望了半天也没见到什么十里桃花，更别提万家酒店了。正在纳闷，一个村民打扮的人走上前来说："李白先生，见到您真是太荣幸了。我就是汪伦。"汪伦接着便解释说："我信里所说的十里桃花，是指十里之外有个桃花潭，而万家酒店呢，是说有一家姓万的人开的酒店。"李白听了，哈哈大笑。两个人就这样成为了好朋友。

汪伦邀请李白在他家住一段时间，叫妻子做了好多香喷喷的饭菜，还拿出了珍藏多年的好酒热情地招待李白。他们边吃边聊，真是愉快极了。后来李白又到附近的几个朋友家住了几天。可还有很多重要的事情等着李白去办呢。所以待了几天后，李白决定离开。但为了不给汪伦添麻烦，李白并没有专门向汪

临江而眺的李白

伦告别，他准备悄悄地坐船回家了。谁知就在李白已经上了船而船正要开动的时候，汪伦赶到了。要知道如果再慢一步，就来不及了。李白听到汪伦和村里的乡亲们手拉着手一边唱着为他送行的歌，一边用脚踏出节奏。李白又惊又喜，他没想到汪伦会和这么多村民一起来河边送他，这些老百姓对他实在太好了。他只觉得心头一热，差点掉下泪来。就这样，李白作了一首非常有名的诗《赠汪伦》。诗的后两句里："桃花潭水深千尺，不及汪伦送我情。"意思是："桃花潭的水就算有千尺那么深，也比不上汪伦来送我的情谊深呀！"

> 诗是真情的流露，汪伦及乡亲们的真情打动了李白，他才写下了这样的千古名句。

小记者多多考考你

1.李白为什么不辞而别？

_____

_____

2.汪伦和乡亲们是怎样给李白送行的？

_____

_____

小记者多多的采访笔记

　　"海内存知己，天涯若比邻"是友谊；"莫愁前路无知己，天下谁人不识君"是友谊；"桃花潭水深千尺，不及汪伦送我情"同样是友谊。在朋友面前，你可以尽情地倾诉自己的烦恼和忧愁；在朋友面前，你也可以把自己的理想、快乐与他分享。

　　李白和汪伦的友谊胜过了千尺深的桃花潭水。拥有朋友的人生是了无遗憾的人生，让友谊之光永远照耀着我们前行！

磨杵成针

李白从小就是一个非常聪明的孩子。在他5岁的时候，小李白就坐在窗前开始摇头晃脑地大声背诵前人有名的文章了。只消两三遍，他就可以毫不费力地把书上的内容背得滚瓜烂熟。由于李白总是把功课做得很好，所以教书先生非常喜欢他，经常在小朋友们面前夸奖他。可是，李白当时也是一个贪玩的小孩子，也和其他小朋友一样，身上难免有一些缺点。

雕塑磨杵成针

有一天，先生还在讲课呢，他却听着听着就走神了，一双大眼睛盯着窗外，脑子里竟然想起了昨天晚上母亲，给他讲的金色鲤鱼的故事。李白想：“那些小鱼穿着金色的鳞片衣服，在阳光的照耀下闪闪发光，真是太好看了。可是，它们的美丽会不会引来坏人呢？要是被人抓住了，就不能自由自在地游泳了呀，多可怜！”瞧，李白开始陷入他自己编织的幻想的世界里了。先生看见李白愣愣的模样，知道他没有认真听课，就停下来，很生气地说：“李白，你站起来重复一遍我刚才讲的话。”李白一下子清醒了，慌忙站起来，却一句话也说不出。“同学们都在笑话我吧！”李白的脸“刷”地红了，他感到难为情极了。

放学回家的路上，李白还在生自己的气呢。忽然，他发现一条清澈的小溪边，一位白发苍苍的老婆婆正在磨一根很粗的铁棒。老婆婆磨得很认真很卖力，大颗大颗的汗珠从她的额头上渗出来，可是老婆婆只是抬起手用衣袖擦了擦，又继续磨那根大铁棒了。李白看见老婆婆这么辛苦地磨铁棒，觉得非常好奇。于是他跑上前去，来到老婆婆的身旁，一边轻轻地拉着老婆婆的衣角，一边很有礼貌地说：“婆婆，请问您磨这根大铁棒干什么呢？”老婆婆继续专心地磨着她的铁棒，头也不抬地说："我呀，我要把它磨成一根细细的绣花针哩！"李白瞪大了眼睛，嘟着嘴说："这么粗的铁棒能磨成针吗？"老婆婆抬头看了看李白，见他一脸不相信的样子，这才停下手中的活，蹲下身来，慈祥地对李白说："好孩子，只要功夫深，铁棒也能磨成绣花针哩！"李白像是突然明白了一个深奥的道理，使劲地点了点头。这件事给李白留下了深刻的印象，也对他以后的学习和生活产生了积极的影响。

> 李白从小事中明白了深奥的道理，说明他是个善于学习的孩子。

后来凡是读书碰到困难，他就自然而然地想起"只要功夫深，铁棒磨成针"，便抖擞精神，鼓起勇气，坚持不懈地奋力拼搏。有一段时间，他为了专心读书，甚至搬到一所道观中去安心苦读。正是凭着这种精神，他阅读了大量的书籍，为以后在诗歌创作上的成功打下了坚实的基础。

小记者多多考考你

1.李白看到老婆婆磨铁棒时是怎样的态度？

_____

_____

2.老婆婆的话对李白有怎样的作用？

_____

_____

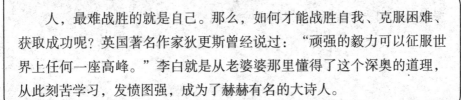

小记者多多的采访笔记

　　人，最难战胜的就是自己。那么，如何才能战胜自我、克服困难、获取成功呢？英国著名作家狄更斯曾经说过："顽强的毅力可以征服世界上任何一座高峰。"李白就是从老婆婆那里懂得了这个深奥的道理，从此刻苦学习，发愤图强，成为了赫赫有名的大诗人。

韩　愈

名人简介

　　韩愈（768—824），字退之，河南河阳（今河南孟县）人。自谓郡望昌黎，世称韩昌黎。唐代古文运动的倡导者，宋代苏轼称他"文起八代之衰"，被后人为唐宋八大家之首，与柳宗元并称"韩柳"，有"文章巨公"和"百代文宗"之名。写有《师说》、《进学解》、《张中丞传后序》、《马说》等优秀散文。诗作《早春呈水部张十八员外》等也为人们所喜爱。有《韩昌黎集》四十卷、《外集》十卷。

课文再现

　　《聪明的韩愈》讲述了韩愈小时候机智地回答老师的问题的故事：老师让学生花很少的钱买一样能把整个屋子装满的东西，很多人买了稻草、树苗等，韩愈却买了一支蜡烛，他将蜡烛点燃，整个屋子都亮了。

小记者多多有话说 <<<<

　　嗨！大家好，我是校报的小记者多多，学了这篇课文，你是不是对唐代文人韩愈的智慧非常佩服？他还有哪些值得我们学习的地方呢？让我们一起聆听他的故事！

韩愈与叩齿庵

韩愈画像

　　韩愈在潮州时，有一天出巡，在街上碰见一个和尚，其面貌长得十分凶恶，特别是翻出口外的两个长牙，更是使人害怕。韩愈本来就是因为劝皇帝不要为迎接佛骨过分劳民伤财，才被贬到潮州来的，早已对和尚没有好感了，一见这副"恶相"，更是讨厌，他想这人决非好人，回去要好好收拾他，敲掉他那长牙。

　　韩愈回到衙里，才下轿，看门的人便拿来一个红包，说这是刚才有个和尚要送给老爷的。韩愈打开一看，里面非金非银，是一对长牙，正好和刚才见到的和尚的两只长牙一模一样。他想，我想敲掉他的牙齿，并没说出来，他怎么就知道了呢？韩愈立即派人四处寻找那个和尚。见面交谈后，韩愈才知道，原来他就是很有名声的潮州灵山寺的大颠和尚；是个学问很深的人。韩愈自愧以貌看人，忙向他赔礼道歉。自此以后，两人成了好朋友。

知错就改，
让人佩服。

　　后人为纪念韩愈和大颠和尚的友谊，就在城里修了座庵，叫"叩齿庵"。

1.韩愈来到潮州后，见到了一个什么样的和尚？

_____

_____

2.韩愈意识到自己以貌取人后，是怎么做的？

_____

_____

　　韩愈虽然是个伟大的文学家，也是个优秀的官员，但他也曾犯过以貌取人的错误。后来他意识到自己错了以后，连忙向大颠和尚赔礼道歉，也正因为这样，两人还成了好朋友。

不平的遭遇

　　韩愈出生于一个书香门第，父亲博学多才，可是在韩愈3岁的时候，他就与世长辞了。从此，他由哥嫂抚养。韩愈10岁那年，哥哥在朝廷遇到不幸，被赶出京城，降职到广东韶关一带做刺史，他也随兄长南迁到了广东。路经3000里，奔波数月才到目的地。

　　韩愈刚刚安定下来，正要集中精力读书的时候，厄运又降临了，这就是哥哥的去世。哥哥一死，孤儿寡妇举目无亲，无人帮助，嫂嫂只好带着韩愈返回故乡。这些不幸的遭遇磨炼了韩愈的意志，他把对哥哥的思念埋在心底，刻苦自学，发愤读书。

后来，韩愈在嫂嫂的鼓励下，来到洛阳求学。在那里，他租了两间茅屋居住，过着凄苦、清贫、俭朴的生活。为了博览群书，他常常读书到深更半夜。就是寒冷的冬天，他也舍不得生火取暖。砚台的墨汁结冰了，他就用嘴呵呵气，使冰融化了再写；手冻僵了，他搓一搓发热后再写文章；读书读到口干舌燥，他就喝口菜汤继续吟诵揣摩。韩愈苦读、背诵、深思，不断地记笔记，提炼纲要，记述历史事件的前因后果，注意研究并加以仔细分析，把前人写的文章吃透。在韩愈25岁的时候，他参加了进士考试，名列榜首。

> 终于，韩愈凭借自己的努力功成名就。

从此以后，韩愈积极倡导古文运动，从事古文写作。后来他又得到散文大家柳宗元的支持，古文业绩更加斐然。二三十年后，古文逐渐压倒了骈体文，占据了文坛的主导地位。韩愈倡导古文，在文坛上留下了光辉的一页。

小记者多多考考你

1. 面对厄运，韩愈是如何表现的？

_____

_____

2. 韩愈在洛阳是如何发愤学习的？

_____

_____

小记者多多的采访笔记

逆境给人宝贵的磨炼机会。只有经得起环境考验的人，才算是真正的强者。韩愈从小就经历了常人不曾经历的挫折，但是他凭借着自己的努力，战胜了所有的困难，最终成为了文坛一颗耀眼的明星。

艺术家

肖　邦

名人简介

　　肖邦（1810-1849），波兰作曲家、钢琴家。早期浪漫主义代表人物之一。他自幼喜爱波兰民间音乐，7岁写了《波兰舞曲》，8岁登台演奏钢琴，16岁就学于华沙音乐学校。1831年定居巴黎，从事演奏、创作及教学活动。他在作品中倾注了强烈的民族感情、爱国热情以及对故土的眷恋。作有钢琴协奏曲两部、钢琴奏鸣曲三部以及马祖卡、波洛涅兹、圆舞曲、练习曲、前奏曲、夜曲、即兴曲、诙谐曲、叙事曲等大量钢琴曲。其创作对后世的西洋音乐发展（尤其是钢琴）具有深远影响。

课文再现

　　《把我的心脏带回祖国》（苏教版六年级上册）讲述了肖邦的爱国故事：波兰遭到欧洲列强瓜分，肖邦不得不离开祖国。他把对祖国的思念全部注入自己的音乐之中，为祖国写下了许多催人奋进的曲子。39岁的时候，肖邦病倒在床，弥留之际，他请求姐姐将自己的心脏带回祖国。

小记者多多有话说 <<<<

　　同学们好！小记者多多又和你见面了，读了这篇课文，"钢琴诗人"肖邦那颗赤子之心令我们敬佩有加。他身上还发生过哪些让我们感动的故事呢？大家一定也想知道。那还等什么？跟我一起去了解他吧！

课外链接

李斯特与肖邦

李斯特在一次巴黎公演中，他在灯火熄灭之际，悄悄换上了肖邦。肖邦正是被用这种方式被介绍给观众，而一鸣惊人的。具体过程是这样的：

19世纪初，肖邦从波兰流亡到巴黎。当时匈牙利钢琴家李斯特已蜚声乐坛，而肖邦还是一个默默无闻的小人物。但李斯特非常欣赏肖邦的才华。怎样才能使肖邦在观众中赢得声誉呢？李斯特想了个妙招：那时候，在钢琴演奏时，往往要把剧场的灯熄灭，一片黑暗，以便观众能够聚精会神地听演奏。

演奏中的肖邦

李斯特坐在钢琴面前，当灯一灭，就悄悄地让肖邦过来代替自己演奏。观众被美妙的钢琴演奏征服了。肖邦演奏完毕，灯亮了。人们既为出现了这位钢琴演奏的新星而高兴，又对李斯特推荐新秀深表钦佩。

通过观众的表现，我们可以想象出肖邦的琴声是多么美妙。

小记者多多考考你

1.为什么李斯特想让肖邦在观众中赢得声誉呢？

_____

_____

2.观众喜欢肖邦的演奏吗？从哪里可以看出来？

_____

_____

小记者多多的采访笔记

当肖邦还是一个默默无闻的小人物的时候，李斯特帮他实现了梦想，从此一鸣惊人。而李斯特也由于对艺术的热爱与执著，严谨的敬业精神和广博的胸怀而被广为称颂。我们应当向李斯特学习，学习他那高尚的品格。

音乐天才

肖邦1810年出生于波兰，父亲是一位家庭教师，母亲特别喜欢唱歌，在肖邦还没有出生的时候，母亲便一首一首地唱给肚子里的孩子听，她真希望宝宝能听懂她的歌声。小肖邦出世以后，母亲也经常给肖邦唱波兰民歌。虽然那时肖邦只是一个喜欢哭闹的婴儿，但是每当听到母亲的歌声，总是非常的安静。

婴儿时期的肖邦就表现出了对音乐的特殊感情。

在肖邦4岁那年，家里添置了一架钢琴，母亲常常带着肖邦边弹边唱波兰民歌。

一天，肖邦自己爬到了钢琴上，去寻找妈妈平时给他弹奏的旋律，而母亲和父亲正在隔壁房间里商量给肖邦找一位钢琴老师的事呢。当他们听到钢琴房间里断断续续传来的琴声时，他们惊呆了。

"莫非是肖邦在弹琴？"父亲非常惊讶地问。

"是的，是那首民歌。"

他们急忙奔向琴房，果然，肖邦正在凳子上用小手找琴键呢，就连父亲和母亲进来都没有听见。他弹得非常专心，直到把曲子弹完，才发现站在门口的父母。

画中的肖邦

"孩子，你真聪明。"父亲一把抱住了肖邦。父亲在看到孩子的音乐才华以后，毫不迟疑地给有邦请了个钢琴老师，对他进行了严格正规的演奏训练。

小记者多多考考你

1.哭闹的小肖邦怎样才能安静下来？

_____

_____

2.肖邦从几岁开始弹钢琴？

_____

_____

小记者多多的采访笔记

倘若每一个做父母的都能像肖邦的父母那样，及时捕捉住孩子的天赋，顺势引导，就能为孩子的成才打开通道。因此，做家长的要善于从孩子平时的语言、动作、眼神或所提出的问题中捕捉信息，以帮助孩子走上成才之路。

罗 丹

名人简介

罗丹（1840—1917），法国雕塑家，现实主义代表人物之一，其创作对欧洲近代雕塑的发展有巨大影响。他曾用7年时间完成其杰出作品——《巴尔扎克》雕像，从而轰动一时。他的《青铜时代》、《思想者》、《吻》、《夏娃》、《加莱义民》、《雨果》等杰作都有不同寻常之处，人们称他是19世纪最有世界影响的大艺术家。

课文再现

《全神贯注》（人教版四年级下册）讲述了罗丹精神专注工作的故事：茨威格应邀到罗丹家做客，参观罗丹的雕塑时，罗丹发现了一些小问题就专心修改起来，竟然把茨威格忘记了。茨威格深受感触，知道了做事情一定要全神贯注的道理。

小记者多多有话说 <<<<<

嗨，大家好！我是校报的小记者多多，读了这篇课文，我们知道了罗丹专心创作时，竟然把朋友都忘记了，这种精神令人敬佩。除此之外，他还有哪些有趣的故事？让我们一起去聆听吧！

课外链接

罗丹"砍手"

罗丹是法国著名雕塑家，一次，他应法国作家协会邀请，为著名作家巴尔扎克雕像。巴尔扎克的文学成就举世闻名，但他却长得其貌不扬，怎样才能塑造出他美好的形象呢？罗丹为此伤透了脑筋。

经过反复琢磨，罗丹决定着力刻画这位大作家的精神美，雕塑出一个磊落、高尚和智慧的形象。他前后花了7年工夫，终于完成了任务。

罗丹看着自己的杰作，心情十分激动，便叫来几位学生，让他们一起来欣赏。一个学生看着看着，把眼睛盯在雕像的手上，说："这手像极了！老师，我从来没见过这么奇妙而完美的手啊！"学生的赞美之词却引起了罗丹的沉思。不一会儿，他操起一把斧子，猛地朝雕像的双手砍去，一双"奇妙而完美"的手消失了，学生们都惊呆了！罗丹却平静地说："这双手太突出了！它已经有了自己的生命，不再属于这座雕像的整体了。记住，一件真正完美的艺术品，没有哪一部分会比整体更重要。"

1.罗丹为巴尔扎克塑像时为什么伤透了脑筋？

_____

_____

2.学生的赞美为什么会引起罗丹的沉思？

_____

_____

小记者多多的采访笔记

罗丹说的是雕塑的道理，其实，作文又何尝不是如此呢？一篇文章就是一个整体，所谓整体，是指文章各个部分的有机统一。整体是由部分构成的，即一段一段的材料，每一段材料都不能脱离整体而独立存在，都必须围绕整体确定的中心来安排。如果某个部分的材料不服从整体的需要，不为中心思想服务，哪怕写得再精彩，也是徒劳的。

勤奋好学的罗丹

　　罗丹是巴黎人，他生长在一个普通家庭里，父亲是事务所的职员，母亲是个有着虔诚信仰、勤俭持家的家庭主妇。

　　罗丹家的近邻是个小商贩，他往往都用些五颜六色的插图纸来包装货物。许多插图都十分美妙，罗丹对它们很感兴趣。他把自己喜欢的都搜集起来，订好，每天就照着这些纸上的人物和动物作画。

　　他模仿作品之精妙，令父母和邻人惊叹不已。他的绘画天赋，幼时早已显露出来。为了有更好的前途，14岁那年，父母把他送进巴黎的绘图和数学学校学习。这所学校里有一位名气很大的老师叫勒考克。他的教学方法很新鲜，他不屑于让学生临摹他的作品，而是要学生到博物馆或大街上去开阔眼界。在这所学校里，罗丹也接受了著名雕塑家卡尔波的影响，受益匪浅。

　　其实罗丹后来的伟大成就，更多的是得益于他的勤奋好学。他每天天不亮就起床，先到一个业余画家的家里对着实物画几个小时的素描，接着又急忙赶去上学。晚上从学校回来，还要去博物馆。当时博物馆里有一个专画人体的学习班。他在那里要画上两个小时。除此之外，他还要抽空到图书馆、博物馆，观摩学习古代的雕塑作品。罗丹是在争分夺秒地学习和工作，他说："为了使我的工作不停顿，哪怕是一秒钟，我每天要工作 14 个小时。"

罗丹还善于向别人学习。有一天，他正在一根柱子上雕刻植物，对所雕刻的花和茎都很满意，惟独叶片，左看右看就是看不顺眼；雕了修，修了雕，反反复复老是不满意。这时有一个叫康士坦的工匠在旁边看着，忍不住说："你不要老是用一种方法雕，这样看起来叶子是平的，不生动。……你让叶子尖突出来对准你，这样就显得富有气韵了。"罗丹听了很高兴，他照着康士坦说的话去做，果然，植物的叶子就显得灵活生动了。

1917 年 11 月 17 日，罗丹与世长辞，他的亲友和崇拜者为他举行了一个简朴真挚的葬礼。英国，甚至正在与法国交战的德国都为他举行了隆重的追悼会。

小记者多多考考你

1.其实罗丹后来的伟大成就，更多的是得益于什么？

_____

_____

2.罗丹很善于向别人学习，他雕刻叶片时曾向谁学习？

_____

_____

小记者多多的采访笔记

　　罗丹的成功验证了一句话，"宝剑锋从磨砺出，梅花香自苦寒来"。大凡有作为的人，无一不与勤奋好学有着难解难分的渊源。成功不是天生就有的，而是后天努力得来的。罗丹因为心怀抱负和信念，勤勉到"每天要工作14个小时"的程度。

　　如果说梦想是成功的起跑线，决心是起步时的枪声，那么勤奋则如起跑者奔跑时的力量，唯有坚持到最后一秒，方能获得胜利！

贝多芬

名人简介

　　路德维希·凡·贝多芬（1770—1827），德国作曲家、钢琴家，最富盛名的近代音乐家之一。他是维也纳古典乐派代表人物之一，也是最后一位。他与海顿、莫扎特一起被后人称为"维也纳三杰"。他信仰共和，崇敬英雄，作品富有浓郁的时代革命气息。他在艺术上大胆创新，极大地提高了钢琴的表现力，使之获得交响性的戏剧效果，又使交响曲成为直接反映社会变革的重要音乐形成。他继承了古典音乐的精华，开辟了浪漫主义音乐的道路。其代表作有交响曲9部（以第三《英雄》、第五《命运》、第六《田园》、第九《合唱》最为著名），序曲《哀格蒙特》，钢琴曲《悲怆》、《月光曲》等。

课文再现

　　《月光曲》（人教版六年级上册）讲述了贝多芬创作《月光曲》的故事：月辉皎洁，贝多芬在夜晚散步，一个偶然机会他为一个盲姑娘弹奏了一首曲子。他跑回家将刚才弹奏的曲子记录下来，这就是后来著名的《月光曲》。

小记者多多有话说 ＜＜＜＜

　　嗨，大家好！我是校报的小记者多多，读了这篇课文，天才音乐家贝多芬的创作经历给我们留下了深刻的印象。他还有哪些经历值得我们深深思考呢？想知道更多有关他的故事吗？让我们一起去搜集吧！

课外 链接

贝多芬，只有一个

贝多芬不仅仅是一位才华横溢的音乐家，也是一位具有革命思想的民主战士。他是用音乐来表达自己的爱憎的。

贝多芬从小酷爱音乐，8岁就举行了个人音乐会，后来定居在音乐名城维也纳。贝多芬对音乐的痴迷经常达到忘我的境界。一次，他走进一家饭馆，坐在饭桌旁，拿起手里的拐杖，就像弹钢琴一样敲打起来。过了很长时间，店老板过来问他，他才回过神来，忙问："我应当付多少钱？"引得周围的人哈哈大笑，因为他根本没有用餐。还有一次，他同朋友到郊外散步，望着大自然的美景，他不知不觉进入了构思，忽然飞快地跑回家里，在钢琴上奏出一支新曲，竟把朋友给忘了。

> 贝多芬投入创作时什么都可以忘记，包括他自己！

贝多芬是一个倔强不屈的人。有一天，几个入侵维也纳的军官要贝多芬

贝多芬

为他们演奏。贝多芬拒绝了。可是，贝多芬的资助人李希诺夫斯基公爵为了逢迎这些侵略者，竟强迫贝多芬演奏。贝多芬愤怒到了极点，他一脚踢开大门，回到住处，立即把公爵送给他的像摔在地板上，然后留下一封信："公爵，你之所以成为公爵，只不过由于你偶然的出身；我所以成为贝多

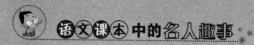

芬，却完全靠我自己。公爵过去有，现在有，将来还有很多，而贝多芬却只有一个！"

贝多芬又是不幸的，他中年时双耳失聪，后来就完全丧失了听力，这沉重的打击，曾使他痛苦万分，但是他没有消沉，继续创作了大量优秀的作品。第九部交响曲（合唱）就是在这种情形下写出来的。首场演出的时候，全场爆发出一阵阵热烈的掌声，而他站在指挥台上，什么也听不见。

贝多芬一生写了九部交响曲，还有许多奏鸣曲、协奏曲，在世界音乐史上占有崇高的地位。

1.贝多芬对音乐的痴迷经常达到什么程度？

_____

_____

2.为什么贝多芬又是不幸的？

_____

_____

小记者多多的采访笔记

贝多芬出众的音乐才华、忘我的创作激情、怒对侵略者的豪情以及痴心创作的执著，无一不让人为之赞叹。当我们做题累了的时候，想一想贝多芬是如何忘我地去创作的；当我们面对社会上的恶势力时，想一想贝多芬是怎样不屈不饶地进行反抗的；当我们想打退堂鼓时，想一想贝多芬双耳失聪却依然执著着对音乐的梦想！你一定可以做到。

贝多芬抓强盗

一天，失聪的贝多芬到好朋友哈莱曼家做客。哈莱曼是一位盲人，非常热爱音乐，他们常常聚在一起弹琴、聊天。他们之间的对话方式很不同，因为贝多芬听不见，哈莱曼就不停地用手指敲打他的手背，用节奏的快慢和力量的轻重来表达说话的意思。

天黑时，贝多芬说："我要回去了，最近来了一个强盗，不但抢劫，还会杀人。警察已经通知大家要特别小心了。"就在这时，哈莱曼听见二楼的房间里传出"咔嚓"一声，他马上站起来，用手指敲打告诉贝多芬："楼上有人，很可能就是你说的那个强盗。"贝多芬不由紧张起来，一聋一瞎怎么对付得了一个杀人的强盗呢？

创作中的贝多芬

哈莱曼镇定了一下，问贝多芬："楼上是不是亮着灯？"贝多芬看了看："一点光也没有。"哈莱曼自信地点点头："这就好办了。"他拉开抽屉，拿出了自己防身用的手枪，贝多芬也顺手抄起一根棍子。他们俩一个紧握手枪，一个手持棍子，看上去像是威风

> 贝多芬很愿意和自己的好朋友一起抓强盗。

凛凛的勇士。二楼屋里所有的窗帘都拉上了，房间里黑得伸手不见五指。哈莱曼镇定地转动着自己的脑袋，贝多芬明白，他是用耳朵在寻找强盗的藏身之处。

哈莱曼忽然扣动了手枪，房间里传出一声惨叫。贝多芬马上点燃灯，只

看到地上躺着一个人，双手捂着肚子，鲜血不住地往外流。不远处，保险柜被打开了……

过了一会儿，警察赶来了。他们不能理解一个盲人和一个失聪的人是怎样把追捕多日的强盗给抓住的。哈莱曼说："光凭我绝对不行，当然只有我的朋友贝多芬先生也不行，但我们两个人加在一起，就成功了。"贝多芬想了想说："开始我也不明白，哈莱曼听见动静，首先让我看看二楼是不是亮着灯。在黑暗中，强盗和盲人是平等的，反正谁也看不见。我以为哈莱曼是随便开枪恰巧打中强盗的，可看到强盗倒在座钟前时我明白了——他用耳朵倾听时发现座钟的声音和往常不一样，便断定强盗一定是在慌乱中紧紧贴住了座钟，从而准确判断出强盗的位置。"

警长听了，佩服地握住了贝多芬的手："贝多芬先生，您不仅是优秀的音乐家，还是聪明的推理家，您和您的朋友帮了我们的大忙！"

1.哈莱曼为什么会在听到楼上有动静时问贝多芬楼上有没有亮灯？

_____

_____

2.抓住强盗后，警长为什么佩服地握住了贝多芬的手？

_____

_____

小记者多多的采访笔记

　　读了这个故事，同学们一定很佩服贝多芬和他的好朋友吧，就连警察都不容易抓住的强盗居然被一个盲人和一个失聪的人抓住了。所以做什么事都不要轻易地否定自己，或为自己找任何借口。只要你肯努力，没有什么困难是不可以克服的，人生就是这样，只要你敢于不断肯定自己，不断蜕变自己，就会有所发展，否则只能是自暴自弃。

徐悲鸿

名人简介

　　徐悲鸿（1895—1953），江苏宜兴人。中国现代美术事业的奠基者，杰出的画家和美术教育家，西洋画体系教学的倡导者，擅长画马和人物。代表作有《奔马图》等。曾任中央美术学院院长、中华全国美术工作者协会主席等职。著有《徐悲鸿素描集》、《徐悲鸿画集》、《徐悲鸿彩墨画集》等。

课文再现

　　《徐悲鸿励志学画》（苏教版四年级上册）讲述了徐悲鸿留学学画的故事：徐悲鸿在法国求学的时候，被法国学生看不起，后来他通过自己的努力，成了轰动画界的大师，让当初欺辱他的法国学生刮目相看，诚恳地向他道歉。

小记者多多有话说 <<<<

　　大家好，我是校报的小记者多多，这篇课文告诉我们，大画家徐悲鸿的志气实在令人钦佩。他还有哪些故事让我们赞叹与感动呢？同学们就跟我一起去了解他吧！

课外 链接

贫穷的大画家

著名的画家徐悲鸿生于宜兴县一个穷教书的人家。

父亲徐章达，是个半耕半读的村塾老师，也是个画师。悲鸿6岁开始跟父亲读书，7岁时因常常看见父亲画画，就想学。可父亲认为他年纪太小，不肯教；但徐悲鸿念书念到卞庄子刺虎的故事时，就偷偷求人画一只老虎，自己依着样子描绘。父亲知道儿子实在喜欢画，在9岁时，就让他每天摹一幅当时流行的《吴友如画本》，这就是徐悲鸿学画的开始。

徐悲鸿在10岁时就能帮父亲在画上不重要的部分染颜色，17岁便在一家中学里教图画来帮助

> 年轻时，徐悲鸿就担起了家庭的重担。

家用。19岁那年，父亲去逝，家里负债累累，弟妹也要供给，他只得在县里三家学校任教来维持全家的生活。

沉重的家庭担子压不住他上进的决心，为了学美术，他来到上海。他曾试图把画寄给当时的《小说月报》卖钱，但是被退回。他寄居在一家赌场里，白天用功，晚上等客人散了，才摊开铺盖在赌桌上睡觉。

人们都在用锣鼓迎接新年的时候，徐悲鸿却饿着肚子给一家叫"审美书馆"的出版社用颜色填染单色印刷的

徐悲鸿的山水画

杂志封面（那时印刷技术落后，没有彩色印刷，杂志封面是雇人用手工填色的。审美书馆的主办人，就是著名的岭南画派导师高剑父、高奇峰兄弟）。等到他考进震旦学院读法文的时候，肚子已经空了好几天。当时他的父亲刚去逝，他是穿着父亲的丧服，噙着眼泪踏进了这个学校的。

徐悲鸿逐渐受到社会的注意。除了高剑父兄弟外，当时的文化名人康有为、蔡元培等也给予他鼓励和帮助。1917年，22岁的青年徐悲鸿已经被聘为北京大学画法研究会的导师，又得到北洋政府的教育总长、大学者傅增湘（沅叔）先生的帮助，派他到法国去留学。

1.徐悲鸿从什么时候开始学画画的？

_____

_____

2.徐悲鸿是怎么走进大学校门的？

_____

_____

小记者多多的采访笔记

贫穷，是成功者的炼金石。父亲的早逝使徐悲鸿年轻时就担起了家庭的重担，但沉重的担子并没有阻碍他上进的决心。为了学画画，他付出了百倍于常人的努力。虽然他经常连温饱都解决不了，但他坚持不懈地朝着自己的梦想前进，最后取得了成功，名扬全世界。

徐悲鸿画马

杰出的画家徐悲鸿特别爱画马。他笔下的许多骏马图都成了艺术珍品。

1934年春天，徐悲鸿到莫斯科国立博物馆举办画展，并为观众现场作画。那天，观众把展览厅挤得水泄不通。徐悲鸿从容地磨墨、铺纸、走笔，转眼之间，一匹栩栩如生的骏马便出现在纸上了。观众被徐悲鸿的高超技艺征服了，大厅里响起雷鸣般的掌声。这时候，一位身材魁梧的元帅拨开人群，走到徐悲鸿面前，彬彬有礼地说："徐先生，我能要这幅画吗？不然，我会发疯的！"

> 徐悲鸿画马的技艺堪称一绝。

徐悲鸿被这位元帅的诚意感动了，他点头微笑，挥笔题上字，把这幅画送给了元帅。元帅高兴得像打了胜仗似的，和徐悲鸿热烈拥抱，大声称赞道："徐先生，你不但是东方的一支神笔，而且是世界的一支神笔。你笔下的马，比我骑过的那些战马更壮美！"

由于徐悲鸿经常画马，他对马有一种偏爱。和马在一起，听着马蹄嘚嘚，看着骏马奔驰，他觉得是一种精神享受，他的心仿佛和马在一同驰骋。

马，最能反映徐悲鸿的个性，最能表达他的思想感情。徐悲鸿的马受到人们喜爱，除了他所下的工夫之外，更重要的是他倾注于其中的感情，并将这种情感化作一种精神，以马为载体而表现出来。

徐悲鸿画的马

1.元帅是怎样称赞徐悲鸿画的马的？

_____

_____

2.徐悲鸿为什么喜欢画马？

_____

_____

小记者多多的采访笔记

　　马，在中国人心目中始终是人才的象征，民族振奋的象征，执著于现实的徐悲鸿一如既往地画马，正是有所感而发，尽抒胸臆。

　　徐悲鸿所画的奔马，桀骜不凡，自由奔放，观之令人惊心动魄。画家不仅把骏马作为自己绘画风格的象征，更是一种精神的追求，是对自由和激情的赞美和讴歌。徐悲鸿把毕生的心血都倾注在了画马上，为后世留下了许多艺术珍品。

齐白石

名人简介

　　齐白石（1864—1957），原名纯芝，字渭清，后改名璜，字濒生，号白石，别号借山吟馆主者、寄萍老人、杏子坞老民、木人、木居士等。湖南湘潭人。中国近现代著名画家、篆刻家，世界文化名人。擅画花鸟虫鱼。有"妙在似与不似之间，太似为媚俗，不似为欺世"之论。新中国成立后，曾任中国美术家协会主席。1955年，获德意志民主共和国艺术科学院通讯院士荣誉奖状。1956年，荣获世界和平理事会颁发的1955年度国际和平奖金，周恩来、郭沫若、茅盾参加了授奖仪式。1957年，任北京中国画院（北京画院）名誉院长，同年9月16日，于北京逝世。

课文再现

　　《滴水穿石的启示》（苏教版五年级上册）讲述了齐白石努力学画的故事：齐白石是一位大器晚成的画家，他凭着自己滴水穿石的韧劲儿，坚持不懈地努力，终于取得了绘画事业上的辉煌成就。

小记者多多有话说 <<<<<

　　嗨！同学们，我是校报的小记者多多，读了这篇课文，我对大画家齐白石更加敬佩了。他除了精于画画，是不是还有其他值得我们学习的地方呢？同学们跟我一起去看看更多的关于他的故事吧。走喽！

课外链接

齐白石戒烟的故事

齐白石的画

齐白石青年时候，组织了"罗山诗社"。有一天，诗社聚会，有人提出"不赌钱"、"不嗜酒"、"不吸烟"……等修身立志社规，齐白石对前几条都赞同，就是不同意"不吸烟"这一条，因为他嗜烟如命。

正在争议不决之时，爱开玩笑的黎德恂忽然站起来说："其实，吸烟这东西并非坏事，它是早见经传的圣贤之道呀，孔圣人不也喜欢吸烟吗？"大家一听，都感到诧异，问他有何出处。黎德恂说："请问各位，我们这地方谁最算得孔圣人的忠实门徒呢？"大家说："那还用问，当然是前清举人王老先生了。他家正厅里至今还供奉着孔老夫子的牌位，而且礼拜甚勤呢。"

黎德恂说："对，你们没有看见他家孔夫子牌位两旁的对联吗？'茶烟待人客，笔墨不当差'。据说这就是王老先生遵循孔夫子的教导，凡请他代写书文的人，必须送烟为礼，否则就'恕不当差'了。如果孔圣人不是嗜烟如命，他的门徒王举人也不会对吸烟这样恋恋不舍了。"大家一听，才知他的用意，不禁哈哈大笑起来。

齐白石知道这是黎德恂利用王举人家这副对联，讥讽他向老师学吸烟的事，希望自己能戒掉这不良嗜好。于是，也笑着说："各位诚意劝我

齐白石做事果断，说到做到。

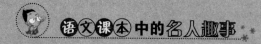

戒烟，也罢，从今天起我一定下决心戒掉它。"说着，从口袋里取出烟斗烟盒，毫不迟疑地抛向小溪流水之中，同时，他还口吟一联："烟从水上去，诗自腹中来。"从此，齐白石果然不再吸烟了。

1.齐白石是怎样从烟瘾很大到不吸烟的？

_____

_____

2.齐白石毫不迟疑地把烟斗烟盒抛向小溪后，当场吟出的对联是什么？

_____

_____

小记者多多的采访笔记

欲望是一头难以驾驭的猛兽，它常常使我们对人生的舍与得难以把握，不是不及，便是过之，于是便产生了太多的悲剧。比如齐老的烟瘾，如果不及时戒除，恐怕危害不小。因此，我们只要真正把握了舍与得的尺度，便等于把握了人生成功的钥匙。

齐白石"抠门"但不吝啬

齐白石出身穷苦，少年时放过牛，年轻时靠做木工养家糊口，还当过"烟客"。他做一个烟斗，烟嘴是活的，好几米长，别人在楼上吸，他就在楼下点烟，别人吸完了，就赏他几个铜板。也许是穷怕了，齐白石非常"抠门"，他的身上总藏着金子，家里大大小小柜子的钥匙都由他自己掌管。他生怕别人偷他的金子、钱，还有画。尤其对他的画，他轻易不给家人，生怕家人拿去换钱。齐作夫就见过曾祖父"小气"的样子，一次，他给家人 6 角钱买虾皮回来做汤，东西买回来后，他又用手掂一掂问："这够 6 角钱的吗？"

齐白石故居

不是抠门，是节俭。

齐白石虽说有些"抠门"，但对小辈却一点也不吝啬。他每月给齐作夫30块钱用于吃早餐、中餐，晚上在家里吃。虽然他90多岁了却一点也不糊涂，每个月给齐作夫零用钱，从不错一天，即便家里人带来的客人住下，他也每月给30块早餐钱。

人们都夸他节俭，说他会过日子。

 小记者多多考考你

1.齐白石做"烟客"时，具体做些什么样的工作呢？

_____

_____

2.齐白石真的是个很吝啬的人吗？

_____

_____

小记者多多的采访笔记

一个人、一个企业乃至一个国家，如果想有所为，就绝不能把奢侈享乐作为人生的目的，而必须以勤俭朴素作为自己道德的准则，并且身体力行。同学们，你们能做到吗？

思想家

孔 子

名人简介

　　孔子（前551—前479），名丘，字仲尼，鲁国陬邑(今山东曲阜市东南)人。春秋末期著名的思想家、教育家、政治家，儒家创始人，先世为宋国贵族。初任委吏（管理粮仓）和乘田（看管牛羊）等职。50岁时，曾任鲁国司寇。后周游列国。晚年返回鲁国，致力教育，整理《诗》、《书》等古代文献，删修《春秋》。据传有弟子3000人，贤者70余人。思想上从天命论出发，倡导以"仁"为核心的学说。政治上维护贵族统治，主张"正名"，崇尚德治和教化，反对苛政和酷刑，教育上主张"因材施教"、"有教无类"等。其言论被门人辑录成《论语》。孔子的思想及学说对后世产生了极其深远的影响。

课文再现

　　《孔子游春》（苏教版六年级下册）讲述了孔子春游过程中教导弟子的故事：孔子和弟子们春游，他在河边静静地看着水弹琴，弟子们不解。孔子给弟子们讲了水和人的关系，说水才是真正的君子等许多道理，弟子们受益匪浅。

小记者多多有话说 <<<<<

　　同学们好！我是校报的小记者多多，很高兴又和大家见面了，大思想家孔子是不是也给你留下了很深的印象？他为什么有那么高的威望呢？他还有哪些值得我们学习的地方呢？要是想知道就跟我一起去更多地了解他吧！

课外链接

孔子尊师

公元前521年春，孔子得知他的学生宫敬叔奉鲁国国君之命，要前往周朝京都洛阳去朝拜天子，觉得这是个向周朝守藏史老子请教"礼制"学识的好机会，于是征得鲁昭公的同意后，与宫敬叔同行。到达京都的第二天，孔子便徒步前往守藏史府去拜望老子。正在写《道德经》的老子听说誉满天下的孔丘前来求教，赶忙放下手中刀笔，整顿衣冠出迎。孔子见大门里出来一位年逾古稀、精神矍铄的老人，料想便是老子，急趋向前，恭恭敬敬地向老子行了弟子礼。进入大厅后，孔子再拜后才坐下来。老子问孔子为何事而来，孔子离座回答："我学识浅薄，对古代的

> 从孔子的举动中我们可以看出他对老子的尊敬。

'礼制'一无所知，特地向老师请教。"老子见孔子这样诚恳，便详细地发表了自己的见解。

回到鲁国后，孔子的学生们请求他讲解老子的学识。孔子说："老子博古通今，通礼乐之源，明道德之归，确实是我的好老师。"同时还打比方赞扬老子，他说："鸟儿，我知道它能飞；鱼儿，我知道它能游；野兽，我知道它能跑。善跑的野兽我可以结网来逮住

孔子授教图

它，会游的鱼儿我可以用丝条缚在鱼钩上来钓到它，高飞的鸟儿我可以用良箭把它射下来。至于龙，我却不能够知道它是如何乘风云而上天的。老子，其犹龙邪！"

1.孔子去拜访老子时，老子正在写什么书？

_____

_____

2.孔子向老子求教的是什么问题？

_____

_____

小记者**多多**的采访笔记

古今中外，无论一个人地位有多高，成就有多大，他们都离不开老师的教诲，都不会忘记自己成长道路上老师所付出的心血。

从孔子择善而从、善学尊师开始，尊师就作为一种社会礼仪在中国发扬光大。我们应当饮水思源，怀师感恩。让我们以尊师爱师为动力，勤奋学习，搏击人生，报效祖国！

孔子学琴

> 多才多艺，使得孔子能够整理这些古代经典之作。

孔子是一位很有音乐修养的人。他能弹琴、击磬、鼓瑟、唱歌、吹唢呐。他对鉴赏音乐也很在行。如听了周代的古曲《韶乐》、《武乐》后指出：《韶乐》旋律优美动听，内容也很完善；《武乐》也很美，但内容不够完好。孔子还搜集了许多民歌，整理出千古流传的《诗经》。

孔子十分重视音乐的社会功能，提出"移风易俗，莫善于乐"的观点，他设立的"六艺"中"乐"居第二位。孔子曾说过：听了好音乐，"三月不知肉味"，可见，他是把音乐当作最佳"精神营养品"的。

在各种乐器中，孔子最喜欢古琴。著名的琴曲《幽兰》就是他怀才不遇时见到幽谷中盛开的兰花，触景生情的杰作。周游列国时，孔子身边总是离不开古琴。孔子和他的学生曾被困于陈蔡。粮食不够吃了，孔子却仍非常乐观，照样弹他的琴，可见孔子对音乐是何等的喜爱。

孔子曾拜师襄为师，学习古琴，有一次，孔子弹奏一首琴曲，一连弹了十天还在弹。师襄说："可以了，再换一首新曲弹吧。"可是孔子却认为自己只学会了弹奏旋律而没掌握好节奏，继续弹那曲子。过了些时候，师襄又说："可以了，节奏全掌握了，换首新曲弹吧。"但孔子觉得还没掌握

孔子抚琴

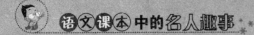
好乐曲要表达的感情，还是不换新曲。又过了些时候，师襄听到他的琴声已能很好地表达出曲子的感情了，就再次劝孔子改学新曲，但孔子仍然觉得自己没有充分了解作曲家的内心感情，继续练那首曲子。又过了好几天，孔子正在专心弹琴，弹完后发现师襄站在他身后，孔子便高兴地对师襄说："我了解到了作者的为人，他高高的身体，脸色黑红，两眼有神，很有远见，具有王者风范，除了周文王，别人是写不出也写不出这么好的曲子的。"

师襄听后大吃一惊，对孔子说："这首曲子真的是周文王作的，叫作《文王操》。"

孔子高兴地对师襄说："我现在可以学新的曲子啦！"

由此可见，严格要求自己是一件看似容易实则不易的事情。

小记者多多考考你

1.孔子曾向谁学习弹琴？

_____

_____

2.《文王操》这首曲子好吗？你是怎么知道的？

_____

_____

小记者多多的采访笔记

在这个故事里，让我们从另一个角度了解了中国的圣人孔子，他弹一首曲子，老师说了三次合格，可以弹新曲子了，孔子都没有停下来，原因是他做什么事都要做到最好！也正因为他的这种精神，他才成为了我国古代著名的思想家、教育家，儒家创始人，受到后人的敬仰。

苏格拉底

名人简介

苏格拉底（前469—前399），古希腊唯心主义哲学家。生于雅典。他提倡"认识自己"，贬低自然科学，认为知识就是美德，有知识者才能治理国家。在教育学方面首创"问答法"，为启发式教学之先导。后被雅典执政当局以"信奉自己捏造的神而不信奉城邦公认的神"、"败坏青年"等罪名逮捕处死。他和他的学生柏拉图，以及柏拉图的学生亚里士多德被并称为"希腊三贤"。他被后人广泛认为是西方哲学的奠基者。

课文再现

《最大的麦穗》（苏教版六年级下册）讲述了苏格拉底引导弟子的故事：苏格拉底让弟子们在麦地里摘一个最大的麦穗，弟子们走完整个麦地却没有摘到。他教育弟子们说，人要能够抓住机会，不要总想着还有更好的，要能把握住实实在在的东西。

小记者多多有话说

嗨！大家好，校报的小记者多多又和你见面了，读了这篇课文，我知道了著名的哲学家苏格拉底是一个善于启发学习的好老师。他还有哪些值得我们学习的地方呢？快来和我一起阅读他的其他故事吧！

苏格拉底的童年

苏格拉底与缪斯

传说苏格拉底的父亲是雅典城中的一个雕刻匠，由于家里非常贫穷，母亲只好经常去给别人接生，这样可以赚到一点钱来贴补家用。而少年的苏格拉底也经常帮着父亲干一些活计。

家境贫寒并没有给苏格拉底造成什么糟糕的影响，相反却让苏格拉底养成了许多良好的习惯。因为没钱买布，一年四季苏格拉底都只能穿着一件衣服。有时衣服脏了他便在夜晚把它洗好，然后拿到火炉边烘干。至于鞋子，对于苏格拉底来说就是奢侈品了，他总是赤着脚走路。

有一年冬天，雪下得非常大。一次，苏格拉底要出门去给别人家送雕刻好的成品。母亲看到地冻天寒，儿子又没有穿鞋子穿，于是不忍心让苏格拉底出门。

"孩子，雪太大了，别人在这种天气也用不上它，等到雪融了的时候再去吧！"

"不行，我一定要去，我跟父亲答应今天给人家送去的。"苏格拉底顶着大雪，光着脚丫把东西送到了那个人的家里。

> 不管遇到什么困难，都要说话算话。

每当苏格拉底把父亲雕刻出来的成品送到客户的手里时，那些人们总会拿出好吃的来招待他。但是他们很快发现苏格拉底对美酒佳肴并不感兴趣，他感兴趣的是书。后来家里有藏书的人们都愿意把书借给苏格拉底看，就这样，苏格拉底开始了他的阅读生涯。

1.苏格拉底为什么在地冻天寒，又没有穿鞋子穿时还坚持去送父亲雕刻出来的成品？

_____

_____

2.大家为什么都愿意把书借给苏格拉底看？

_____

_____

小记者多多的采访笔记

中国古代哲学家认为诚信是人的修身之本，也是一切事业得以成功的保证。《河南程氏遗书》第二十五卷写道："学者不可以不诚，不诚无以为善，修学不以诚，则学杂；为事不以诚，则事败；自谋不以诚，则是欺其心而自弃其忠；与人不以诚，则是丧其德而增人之怨。"在这点上，古今中外，看来都是一样的。如果我们在学习上，生活上光想着自己，把答应别人的事早抛到九霄云外了，那以后还会有谁会相信你呢？

苏格拉底的苹果

2000多年前一个秋日的下午，苏格拉底穿着他那件常年不换、皱皱巴巴的短袍，优哉游哉地穿过雅典城中心的广场。

这个时候，有很多的年轻人围拢到他身边来，他们虔诚地拜苏格拉底为自己的导师。有很多时候，苏格拉底给他们出题目，他们当中也有不少人回答出来，但是苏格拉底并不满意。他发现他的这些学生太依赖他的思想，太依赖他的学说，太没有自己的主见了。

苏格拉底在讲授思想

但是今天不同了。当他的学生们都围拢过来以后，苏格拉底从他皱皱巴巴的短袍里面掏出了一只苹果。他站起来，目光深沉地对青年们说，这是我刚刚从果园里摘下的一只苹果，你们闻闻它有什么特别的味道。他拿着苹果走到每一个学生面前让他们闻闻。最后，他问靠他最近的学生闻到了什么味道。这个学生回答，闻到了苹果的香味。他又问第二个学生，这个学生同样回答闻到了苹果的香味。

柏拉图今天坐在距离老师最远的地方，到了他回答的时候，前面的几十个人都回答完了，而且答案是一致的，都是闻到了苹果的香味。老师示意他站起来回答。他站起来，看了看同学们，然后慢慢地对老师说："老师，我什么味道也没有闻到。"

同学们都万分诧异：怎么可能呢？我们明明是闻到了苹果的香味，一只熟透的苹果怎么会什么味道都没有呢？一向聪明善辩的柏拉图今天怎么了？苏格拉底把柏拉图拉到自己的身边，然后告诉所有的学生：只有柏拉图是对的。其他的学生都十分疑惑。苏格拉底这个时候把那只苹果交给学生传看。

学生们一个个都恍然大悟，这竟然是一只蜡做的苹果！可是，他们都问自己：自己刚才怎么闻到了苹果的香味呢？

苏格拉底用赞许的目光看着柏拉图，他对他的学生们说：永远不要用成见下结论，要相信自己的直觉，更不要人云亦云。我拿来一只苹果，你们为什么不先怀疑苹果的真伪呢？不要相信所谓的经验，只有怀疑开始的时候，哲学和思想才会产生。

> 他们的思考是否比柏拉图晚了一步呢？

学生们明白了，他们知道了老师的用意。也就是从这一天开始，这些学生学会了用自己的脑子去思考，一直到他们帮助苏格拉底创造了伟大的欧洲哲学！也正因为柏拉图的与众不同，他才成为苏格拉底最有成就的门徒。

小记者多多考考你

1.在苏格拉底拿出苹果的时候说的话是真的吗？他为什么这么说？

_____

_____

2.柏拉图的回答有什么与众不同之处？

_____

_____

小记者多多的采访笔记

苏格拉底知道怎样激发学生的积极性，他明白调动学生学习的主动性和使学生养成质疑习惯是使学生超越老师最重要的一步。柏拉图敢于质疑，敢于说出自己与众不同的见解，这也是苏格拉底最希望出现的答案。这给我们一个启示，那就是我们的思维活动要能跳出习惯性的结果，实事求是地把你想说的说出来。不要怕因为质疑而遭到老师的训斥，因为老师最希望听到的就是你的质疑，只有这样，你的学问才会越来越高。

P2 不读死书

1.孙中山认为，不懂得书中讲的道理，即使背出来也没有什么意义。

2."大学之道，在明明德，在亲民，在止于至善。这些我都能熟背，就是不懂是什么意思。不懂的东西又为什么不能问呢？"

P4 孩子们应该有米饭吃

1.孙中山5岁时就能打柴割草；他是一个年少志高的好孩子。

2.穷苦人民应该有米饭吃，有鞋穿。

P8 我不能忘掉祖国

1.因为它有广阔的土地、勤劳的人民、悠久的历史、富饶的物产，有无数革命志士，为了它的振兴进行艰苦卓绝的斗争。

2.表达了宋庆龄热爱祖国的思想感情。

P10 中国不能没有先生

1.因为孙中山先生是中国民

主革命的领导人，中国民主革命的希望在孙中山先生身上。

2.她最先想到的是孙中山先生安全了没有。因为她早已把自己的生死置之度外。

P13 毛泽东读书的故事

1.在游泳前后、上厕所的几分钟时间里、开会或视察的路上、在医院的病床上。

2.我们也应该抓紧时间读书，珍惜每一分每一秒。

P14 毛泽东与福特汽车

1.一辆给了朱德总司令；一辆给了"五老"。

2因为站在汽车踏板上不安全。

P17 恰到好处的理解

1.他问周总理对美国嬉皮士的看法。

2.周总理认为这是年轻人在寻求真理过程中探索的一种途径。

P19 守卫祖国的尊严

1.因为周总理的一贯思想是

把当权者和普通美国民众分开，出于友好和礼貌，他没有拒绝。

2.他将擦过手的手帕扔在痰盂里了，用实际行动捍卫了自己和祖国的尊严。

P22 邓爷爷小·时候的故事

1.因为老师的讲话激发了他强烈的爱国情感。

2."读好书，学好本领，富强中国，收回领土。"

P25 邓小·平破除迷信

1.是清朝嘉庆年间朝廷为表彰广安籍高官邓时敏和郑人庆的功绩而赐造的。

2.大人们告诉孩子，碰了乌龟就会生病。

P28 林肯干活赔书

1.他看书到深夜，睡着了，雨水漏下来打湿了书。

2.连着一个星期帮邻居叔叔家干活。

P29 不能丢掉良心·

1.因为他诚实、好学、谦虚。

2.因为那个有钱人诬陷好人；林肯不愿为了金钱而丢掉自己的良心。

P33 茂盛的小·树

1.因为身体的原因，他很自卑，很内向，所以他不是一个活泼的孩子。

2.是他的父亲。

P35 罗斯福"妙语"定乾坤

1.因为纳粹一旦战胜英国，就会影响美国及其全球利益。

2.他举了一个帮助邻居救火的浅显易懂的比喻。

P38 一块银元

1.他带上银元去找朱德，要把银元还了，向两个摘瓜的红军赔罪。

2.刚进村的时候人们或弃家躲避，或大门紧锁；离开的时候，人们纷纷送来物资拥军。

P40 讲武堂智斗密探

1.他利用谐音，向密探解释自己的名字。

2.骗过了密探，其他同学纷纷效仿。

P44 给彭德怀照相的故事

1.彭德怀希望记者多给志愿军战士拍照，不要突出他自己。

2.彭德怀这次不批评张友林了，他让张友林给自己照了相。

办好工业，使国富民强。

P46　彭德怀撕画像

1.因为他很谦虚，说自己不够资格与主席和总司令并列。

2.体现了他谦虚、不重名利和严格要求自己的崇高品格。

P49　贺龙的口才

1.英国领事以为贺龙会迫于英国的威势而照单归还全部被扣货物。

2."杯子"指世乒赛的奖杯，"包袱"指思想压力。这里分别运用了借代、比喻的修辞手法。

P50　多为国家考虑

1.为了不让水淹到贺龙家的祖坟。

2.为国家考虑，以大局为重，不考虑个人私利，这是一种崇高的集体主义精神。

P53　名字的由来

1.《随身宝》。

2.是的，得到他的同意了。

P55　聂荣臻的辗转求学路

1.他和同学们一起撒传单，贴标语，派代表动员商店老板不要卖日货。

2.他希望出国学本事，回来

P58　母亲的引导

1.她很耐心地给达尔文解答。

2.她用通俗易懂的语言向达尔文阐述深奥的道理，让达尔文很容易就听懂。

P60　对大自然的热爱

1.因为达尔文对神学院的神创论等谬论十分反感，他把大部分时间都用在了对自然科学的研究上。

2.体现出达尔文对自然的热爱。

P63　循循善诱的母亲

1.妈妈没有责怪和取笑他，而是微笑着向他解释人不能孵小鸡的原因。

2."人的体温没有鸡的体温高，你这样孵是孵不出来的。"

P65　要学会节省时间

1.因为他不光有强烈的研究精神，还很会利用时间。

2.助手是通过测量计算灯泡的容积，而他直接装水在灯泡里，然后将水倒在量杯里，读出了水的体积。

P68 ## 拒绝写自传

1.因为诺贝尔取得了举世瞩目的成就，他写自传能为家族争光。

2.他认为留下过多财产就等于奖励懒惰，对子女的发展不利。

P69 ## 小时候的理想

1.小诺贝尔说自己要当发明家。

2.他专心学习，用功读书，尽量掌握更多的知识。

P72 ## 我还有一颗感恩的心

1.他说："我的大脑能够思考，我有始终追求的理想，有我爱和爱我的亲人和朋友，最重要的是我还有一颗感恩的心。"

2.靠的是亲人的帮助、关爱，以及各界人士的支持，更重要的是他自己坚强的意志力。

P74 ## 与病魔抗争

1.在他多次跌倒后，住院期间被查出来的。

2.他坚强地面对，仍极其顽强地工作和生活着。

P77 ## 贫苦而又奋发的学生

1.当时波兰被俄国沙皇统治，不让女子上大学。

2.在父亲和姐姐的帮助下，她上了巴黎大学理学院，学的是物理和数学专业。

P79 ## 实验室外的居里夫人

1.在菜单上写算式、一件衣服穿一二十年。

2.荣誉只是外在的东西，太重名利会很容易迷失心智，阻碍自己的发展。

P83 ## 牛顿探案

1.因为大火烧掉了他的很多重要的科学资料。

2.是因为他洗脸时滴下来的水珠掉在了玻璃板上，水珠能够起到凸透镜的作用。

P85 ## 进入忘我的境界

1.他工作太认真了，把怀表当成了鸡蛋放进锅里。

2.他以为自己已经吃过了，实际上还没吃呢。

P88 ## 摆动的秘密

1.大厅中央的巨灯是修理工人在安装吊灯时晃动起来的。

2.因为他发现吊灯摆一次的时间，不管圆弧大小，总是一样的，这与亚里士多德的观点不符。于是他跑回宿舍关起门来做实验。

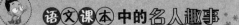

P90 千里眼

1.伽利略的学生在给伽利略的来信中提到了"镜管",这给了伽利略灵感。

2.30倍以上;1000倍。

P93 坎坷的道路

1.受生活所迫,到伦敦谋生,却无处容身离开了那里。

2.使瓦特看到了人世间的辛酸和不平。但他没有气馁,反而增加了勇气。

P95 倔强的性格

1.瓦特家境贫寒,父亲是一个木匠。这让瓦特很难有一个结实健康的身体,而贫病交加使瓦特失去了入学校读书的机会。

2.瓦特是在演算几何问题。

P99 钱学森的童年

1.因为他天资聪颖,悟性极高,记忆力特别强。

2.因为他折叠的飞镖有棱有角,特别规正,所以投起来空气阻力很小;而且投扔时又会利用风向风力。

P101 钱学森拜师

1.在冯·卡门教授看来,一个从事技术工程的年轻学者不满足已有的专业知识,感悟到理论的重要性,这正是有远大志向的表现。

2.完成了《高速气动力学问题的研究》等4篇博士论文,取得了航空和数学博士学位。

P104 救火

1.9岁的时候;河南大婆家。

2.他去拿棉衣给河南大婆。

P106 放走小偷

1.他用自己的善良教育小偷,想让小偷改邪归正。

2.同学们是打小偷,他却教育几句,把小偷放了。

P109 年少志高

1.不是。他从青少年时代就有了科技强国的夙愿,将个人的事业与民族的兴亡紧密相连。

2.他为了学到更多的知识报效祖国。

P111 邓稼先的诚信故事

1.1964年10月26日。

2.他为了保守祖国的机密,暂时不把参与原子弹研究的事情告诉老朋友,然后又请示上级,得到批准后,才如实答复老朋友的问题。

P114 持之以恒的力量

1.写作文时常常写到满意为止,晚上学到很晚,一大早就起来背书。

2.结合学习的实例向竺可桢

讲述水滴石穿的道理。

最后娴熟为止！

P116 竺可桢管天

1.他在全国建了40多个气象站和100多个雨量观测站。

2.是气象研究的各种资料。

P119 詹天佑童年的故事

1.他想亲眼看看钟表为什么会走，为什么会打点。

2.詹天佑是为了让祖国能够早日富强。

P121 詹天佑参加海战

1.是"扬武"号战舰，属中国旗舰。

2.他决定从小事做起，为祖国的强大而发奋努力。

P124 萧伯纳与诺贝尔奖

1.他不以获诺贝尔奖为自己的荣耀，对名利十分淡泊。

2.恩格斯说萧伯纳："萧伯纳作为文学家，是很有才气和敏锐的，他十分正直，也不追逐名利。"

P126 萧伯纳学演讲不怕出丑

1.不是，他年轻的时候，可以说是非常胆怯的一个人。

2.他是以自己学溜冰的方法来练习演讲的——固执地、一个劲儿地让自己出丑，直到

P129 莫泊桑的文学启蒙路

1.莫泊桑的母亲认为想要儿子成才，必须给他找一个好老师。

2.是通过第一个老师布耶介绍的，他也是文坛上有名的人。

P131 处处留心皆学问

1.主要讲述了莫泊桑出钱"买踢"和去码头了解英国水手唱歌的事情。

2.他就是用这样严肃认真、一丝不苟的态度从事创作，绝不掺假，绝不敷衍了事。

P134 除了会写小说你还能干什么

1.那里放着榔头、钳子、钢锯、锉刀等工具。

2.他把自己做的靴子送给了大女婿苏霍金和好友诗人费特。

P135 车站搬运工

1.不是。他只是在站台上慢慢走着。

2.因为她把大名鼎鼎的托尔斯泰当作了搬运工，还给了他小费。

P138 雨果与巴黎圣母院

1.圣母院两座塔楼之一的一个暗角上刻的"命运"两个字使雨果产生了极大的兴趣。

2.吉卜赛少女埃丝梅拉达。

P140 **少年雨果的鼓励奖**

1.因为他在那么优秀的诗里透露自己15岁，所以被评委认为有抄袭，为稳妥起见，只能给予表扬。

2.他少年时代的偶像是当时法国文坛上著名的浪漫主义作家夏多布里昂。

P143 **马克·吐温与众不同的惩罚**

1.他是个合格的父亲，因为他非常慈爱，但也非常严格。

2.因为苏西把妹妹打哭了。

P145 **计谋**

1.在罗伯特的再三恳求下，马克·吐温同意了。

2.他靠的是假装把刷墙看作是非常快乐的事。

P148 **聪明伶俐的小·海伦·凯勒**

1.小海伦·凯勒对树影异常好奇，可以看出她具有敏锐的观察力。

2.由于一场莫名其妙的大病使海伦·凯勒失明和失聪了。

P150 **海伦·凯勒和她的老师**

1.老师先让海伦·凯勒用手感受真实的水，又在她手心写下"水"这个字，她就牢牢记住水这个字了。

2.她的目的是鼓励这些残障人士肯定自己，立志做一个身残志不残的人。

P153 **读万卷书，行万里路**

1.孔安国和董仲舒。

2.出使巴蜀。

P155 **力求真实的写作态度**

1.20岁的时候。

2.面对现实、记录现实，揭露人们"忌讳"的王侯将相的丑恶和腐朽。

P158 **拆洗王安石**

1.王安石胡须上的一只虱子，逗得皇上哈哈大笑的事。

2说明王安石是一个只忙政事不顾生活细节，并且十分孝顺的人。

P160 **王安石待客**

1.因为他以为王安石会以盛宴相待。

2.做人不能嫌贫爱富，不能阿谀奉承。

P163 **鲁迅珍惜时间的故事**

1.年少的鲁迅除了学习外，不仅要经常上当铺，去药店，还得帮助母亲做家务。

2.时间就像海绵里的水，只要愿挤，总还是有的。

P165 鲁迅理发

1.理发的师傅看见他长发垂耳，衣着寒酸，心中看他不起，所以马马虎虎地一理了事。

2.他满怀期盼地等鲁迅和上次一样多几倍地给钱，没想到这次，鲁迅一个子儿也不肯多给。

P168 泪别汪伦

1.李白为了不给汪伦添麻烦，决定不辞而别。

2.汪伦和村里的乡亲们手拉着手一边唱着为他送行的歌，一边用脚踏出节奏来为他送行。

P170 磨杆成针

1.李白一脸不相信的样子。

2.老婆婆的话给李白留下了深刻的印象，也对他以后的学习和生活产生了积极的影响。

P173 韩愈与叩齿庵

1.他见到了一个面貌长得十分凶恶的和尚。

2.韩愈向大颠和尚赔礼道歉，两人还成了好朋友。

P174 不平的遭遇

1.面对厄运，韩愈依然刻苦自学，发愤读书。

2.寒冷的冬天没有炉火取暖的情况下，韩愈还是坚持读书到深夜。

P177 李斯特与肖邦

1.因为肖邦才华出众但却一直默默无闻。

2.喜欢，从观众聚精会神地听他演奏并被美妙的琴声征服就可以看出来。

P178 音乐天才

1.每当听到母亲的歌声，小肖邦就会安静下来。

2.肖邦4岁时开始弹钢琴。

P181 罗丹"砍手"

1.因为巴尔扎克长得其貌不扬，难以塑造出他美好的形象。

2.因为那双手太突出了，超出了这个整体。

P182 勤奋好学的罗丹

1.更多的是得益于他的勤奋好学。

2.他向一个叫康士坦的工匠学习。

P185 贝多芬，只有一个

1.贝多芬对音乐的痴迷经常达到忘我的程度。

2.他中年时双耳失聪，后来就完会丧失了听力。

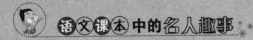

P187 ## 贝多芬抓强盗

1.因为在黑暗中，强盗也看不清东西。

2.因为贝多芬分析出了哈莱曼抓住强盗的原因。

P190 ## 贫穷的大画家

1.徐悲鸿从9岁开始学画画。

2.他是穿着丧服，饿着肚子，噙着眼泪踏进学校的。

P192 ## 徐悲鸿画马

1.他认为徐悲鸿笔下的马，比他骑过的那些战马更壮美。

2.因为他喜欢马，喜欢听马蹄嘚嘚，喜欢看骏马奔驰。

P195 ## 齐白石戒烟的故事

1.黎德恂借用了一个小故事，讥讽齐白石向老师学吸烟的事并希望齐白石能戒烟。

2.齐白石吟出的对联是："烟从水上去，诗自腹中来"。

P196 ## 齐白石"抠门"但不吝啬

1.当别人在楼上吸，他就在楼下点烟，别人吸完了，就赏他几个铜板。

2.不是，他非常节俭。

P199 ## 孔子尊师

1.当孔子去拜访老子时，老子正在写《道德经》。

2.孔子向老子请教的关于古代的"礼制"问题。

P201 ## 孔子学琴

1.他曾向师襄拜师学习弹琴。

2.好，因为他的曲子能让人感觉很有远见，具有王者风范。

P204 ## 苏格拉底的童年

1.因为苏格拉底非常讲诚信，他答应了父亲要送过去。

2.因为苏格拉底只对书感兴趣。

P206 ## 苏格拉底的苹果

1.不是，因为他的学生太依赖他的思想了，没有自己的主见。

2.只有他回答没有闻到苹果的香味。